拒绝恋爱脑

逸舟　编著

花山文艺出版社
河北·石家庄

图书在版编目（CIP）数据

拒绝恋爱脑 / 逸舟编著 . — 石家庄 : 花山文艺出版社 , 2025. 5. -- ISBN 978-7-5511-7839-6

Ⅰ . C913.1-49

中国国家版本馆 CIP 数据核字第 2025QJ9842 号

书　　名：拒绝恋爱脑
JUJUE LIAN’AI NAO
编　　著：逸　舟

责任编辑：于怀新　牟杨琎玥
封面设计：袁　芳
美术编辑：王爱芹
出版发行：花山文艺出版社（邮政编码：050061）
（河北省石家庄市友谊北大街 330 号）
销售热线：0311-88643299/96/17
印　　刷：北京一鑫印务有限责任公司
经　　销：新华书店
开　　本：710 毫米 ×1000 毫米　1/16
印　　张：13
字　　数：189 千字
版　　次：2025 年 5 月第 1 版
印　　次：2025 年 5 月第 1 次印刷
书　　号：ISBN 978-7-5511-7839-6
定　　价：58.00 元

前言

爱自己，是终身浪漫的开始

人们常说爱情是一场修行，但在这条路上，很多人都迷失了方向。为了讨好对方，有些人压抑自己的真实想法；为了维持关系，他们甚至牺牲个人的独立与尊严。爱情本应是两个人携手同行的旅程，却常常因为一方过度的依赖和投入，变成了困住自我的枷锁。

当你把对方的情绪当成唯一的晴雨表，用对方的标准来定义自己的价值，你的世界就会在感情中失去平衡。那些看似深情的付出，有时并非出自真爱，而是源于内心的恐惧——害怕失去，害怕孤单。于是，你把所有希望都寄托在另一个人身上，结果却在一次次失望中变得疲惫不堪。这样的感情，不是幸福的港湾，而是一场无休止的消耗战。

真正的爱情，绝不是自我放弃的代名词。它的本质是两个完整灵魂的相遇，而不是一方对另一方的无条件服从。每一段成熟的感情，都建立在彼此平等与独立的基础之上。因为只有爱自己，才能从容、坦然地去爱别人。

在一段健康的感情关系中，我们既要有热情，也要有理性。在爱里保持清醒，意味着你能接受对方的不完美，同时也不会忽视自己的需求；意味着你能深情付出，但不会因此打乱自己的节奏。这样的爱，是成熟的爱，也是可持续的爱。

本书将引导你重新审视爱情的本质，学会分辨感情中的盲目行为，并提供切实可行的方法，帮助你在亲密关系中保持独立与平衡。我们将一同探讨如何建立健康的情感边界，如何克服对失去的恐惧，以及如何在爱与自由之间找到属于自己的答案。

本书不仅会教你怎样与他人建立深厚的情感联系，还会教你怎样与自己和解。希望这本书能成为你探索幸福之路的贴心伙伴，让你在感情中收获的不只是甜蜜，还有成长；不只是陪伴，还有内心的坚定与自由。

目录

— 醒脑篇 —

别再恋爱脑了！它把人生作践得面目全非

— 实战篇 —

恋爱脑滤镜下的失真：遇人不淑，是因为我们一叶障目

▶ 迷恋常是一厢情愿的妄想，也是别人冷漠的依仗

▶ 甜蜜陷阱很上头，如何跳出爱情刺客的圈套

▶ 拒绝以爱为名的 PUA，看穿伴侣看似无辜的操纵行为

醒脑篇

——所有的不依不饶，最后都是画地为牢。

别再恋爱脑了！它把人生作践得面目全非

在爱情里，我们有时会毫无保留地投入情感，结果迷失了自我，总是把对方的需求和情绪变化当成最重要的事。所谓的“恋爱脑”的状态，会让我们忽视自己原本的生活，失去理性判断的能力，最终致使感情失去平衡，个人成长也陷入停滞。真正的爱情，不是讨好对方，也不是一味迎合对方的想法，而是双方在相互尊重、各自独立且地位平等的基础上共同成长。

恋爱脑：当代人的“爱情流感”

“恋爱脑”这个词听起来有点儿可爱，甚至带着一些浪漫色彩，仿佛是为爱痴狂的“深情代言人”。但事实上，它是一种情绪化的思维模式，就像一场突如其来的“爱情流感”，让原本清醒的大脑逐渐丧失判断力。

什么是恋爱脑?

“恋爱脑”是一个网络流行词，用来描述人们在恋爱关系中，表现出的过度感性、失去理性判断的心理状态和行为模式。

恋爱脑的本质，是对自我价值的极度贬低：

把对方捧上神坛，却把自己踩进泥里。

恋爱脑是怎么形成的?

一、生理层面：大脑激素的“甜蜜陷阱”

恋爱脑的本质，是多巴胺和催产素在举办“狂欢节”。

1. 触发“记忆屏蔽模式”

经典台词：

“我们从来没有红过脸。”

“你们不了解真正的他。”

2. 启动“恋爱滤镜”

经典台词：

“他那不是邋遢，是不拘小节。”

“他不是冷暴力，是需要时间去消化情绪。”

二、心理层面：缺爱者的“救赎幻想”

把爱情当成“精神创可贴”，在自己编写的“救赎剧本”中迷失。

1. 情感饥渴

经典行为：

把“早安”当成救命稻草。

把随手点赞当成“爱的信号”。

2. 自我价值感缺失

经典行为：

陪对方熬夜打游戏，自己则考试挂科。

自己吃泡面，给对方买奢侈品。

三、社会层面：“恋爱脑加工厂”

你的恋爱脑可能是受别人影响产生的。

1.“霸道总裁”小说后遗症

经典台词：

“他凶我，但他好爱我。”

“他查我手机是怕我被人骗。”

2. 朋友圈“中毒”

经典行为：

发朋友圈秀鲜花摆拍和转账截图。

删掉聊天记录截图中的卑微内容再晒“甜甜日常”。

辩证视角：健康爱情的增益效果

健康爱情不是偶然的心动，而是双方共同经营的情感生态系统。当关系中的积极因素形成正向循环，它们就会产生增益效果，让爱情更加甜蜜、坚固。

智商——长期、健康的恋爱关系可以提升人的理性决策能力

情商——在心理学实验中，恋爱组在情绪识别、同理心测试中表现更佳

资源——实现“1＋1＞2”的资源整合

事业——稳定的伴侣关系有助于提升职场表现

经济——恋爱脑通常会导致消费降级

当人们调侃“恋爱脑是绝症”时，本质是在警惕过度沉溺的风险。当我们学会把自己放在首位，就会发现——原来真正的安全感，从来不是别人给的。

清醒地爱，才能让爱情成为人生的加分项，而非负债表。

恋爱脑可以把人生作践成什么样子

恋爱脑思维就像病毒，悄无声息地入侵人们的大脑，把理性、逻辑、自我价值统统“格式化”，只留下一个疯狂运转的程序——“我爱他！”让人们一边自我感动，一边从独立的个体沦为爱情的提线木偶。

恋爱滤镜：从自我欺骗到认知崩塌

——这不是浪漫，而是精神致幻剂

名场面

斯德哥尔摩综合症：把冷暴力视作欲擒故纵，把控制欲视作对方的关心。

“爱心”泛滥：对方负债百万，但仍坚信“我能拯救他”。

冷知识

恋爱滤镜启动时，大脑会自动屏蔽和对方缺点相关的记忆。这就是为什么你在被伤害后依然坚信“他本质是好的”——**你的大脑已被激素控制。**

一厢情愿：从自我感动到现实暴击

——这不是执着，而是单机版恋爱游戏

名场面

单向付出：连续三年送生日礼物和情人节礼物，结果对方转手挂到二手平台。

偶像剧场：把朋友圈点赞解读为“爱的信号”，其实对方只是手滑了。

冷知识

一厢情愿的人的内心好比装了放大镜，一点儿小事就能感到快乐和满足，但现实反馈的痛苦感也会被相应放大。这相当于——**你的单机版恋爱游戏已进入自虐模式。**

甜蜜陷阱：从糖衣炮弹到情感绞杀

——这不是爱情，而是加了甜蜜素的精神阉割剂

名场面

经济控制：要求你上交工资卡，美名其曰“替你攒钱”。

情感勒索：“不辞职陪我就是不爱我”，切断你的社会生存能力。

冷知识

陷入甜蜜陷阱的恋爱脑群体，经济独立能力会大幅下降，心理创伤的发生率则大幅提高。这意味着——**你正在用自由和健康兑换海市蜃楼。**

精神 PUA：从精神凌迟到人格毁灭

——这不是亲密关系，而是包装成爱情的新型奴隶制

名场面

否定式教育：“除了我没人会要你。”

比较式羞辱：“看看别人的女朋友，再看看你。”

冷知识

长期被 PUA 的人，认知会受到影响——**为什么你会觉得谈恋爱后变笨了？因为你的认知正在被系统性地摧毁。**

病态依赖：从共生幻想到自我吞噬

——这不是亲密无间，而是“慢性谋杀”

名场面

分离焦虑症：对方出差后，吃不下也睡不好，干什么都没意思。

控制狂：要求对方开启手机共享定位，逐个审查对方社交软件上的好友。

冷知识

过度依赖对方的恋爱脑群体，决策自主权会大幅下降，大脑活动与成瘾者相似。这就是为什么你会觉得“恋爱后我不再是我”——**你的人格正在被依恋关系溶解。**

任性妄为：从情绪勒索到关系破裂

——这不是真性情，而是情感巨婴的撒泼打滚

名场面

情绪炸弹：“不秒回就是不爱我”，炸掉所有沟通渠道。

分手威胁：“不答应就分手”，用情感绑架对方。

冷知识

任性型恋爱脑群体的分手率远高于正常情侣，其中大部分原因是对方“无法满足无理要求”。这说明——**把分手当儿戏，最后只会玩脱。**

边界入侵：从过度关心到情感霸凌

——这不是亲密，而是精神控制

名场面

社交圈清洗：私自删除对方的异性好友，理由是“怕你被诱惑”。

人生“遥控器”：擅自介入对方的工作决策，美名其曰“为你好”。

冷知识

在边界感缺失的恋爱关系中，被侵犯方的心理创伤恢复时间比正常分手长数倍。这意味着——**你正在用“爱”的名义给对方制造心理阴影。**

个体差异：从求同存异到强行改造

——这不是磨合，而是情感绑架

名场面

审美绑架：“你必须穿我选的衣服，否则就是不爱我。”

兴趣压迫：“玩游戏就是浪费时间，必须和我一起健身！”

冷知识

强行改造伴侣的恋爱脑群体，其对关系的满意度会持续下降。相反，接受差异的情侣对关系的满意度会持续提升。这说明——**你正在扼杀爱情的多样性。**

崩溃关系：从慢性消耗到急性崩溃

——这不是坚持，而是害怕沉没成本

名场面

成本守卫者：为“三年付出”死守窒息关系，最后被抛弃。

性格粘贴者：“你笑起来真像他”，最终被说“你爱的只是回忆”。

冷知识

陷入崩溃关系的恋爱脑群体，长期处于被恋爱关系控制的状态。这意味着——**你试图在垃圾堆里寻宝，却可能错过了整片金矿。**

当爱情异化为权力游戏、精神战场、自我毁灭试验田，你是否想过：那些让你窒息的“爱”，或许正在控制你的人生？或许我们应该记住：真正的爱情，是让两个人都成为更好的自己。

毕竟，当你把对方当成氧气罐，就会忘记自己本就是一片星空。

对号入座：测测你是不是恋爱脑体质

灵魂拷问：恋爱脑速查

这份测试通过对日常恋爱行为和思维的评估，判断你的恋爱脑指数。请仔细阅读每道题目，根据自身实际情况选择最符合的选项。

1. 和对象发生矛盾时，你会：

A. 冷静沟通，分析问题，寻求双方都满意的解决方案。（1 分）

B. 先妥协，只要对方不生气，自己委屈点儿也没关系。（3 分）

C. 完全失去理智，只想着哄对方开心，不管对错。（5 分）

2. 你是否会因为对象的一句话，就改变自己原本重要的计划？

A. 不会，会综合考虑计划的重要性和对方的需求。（1 分）

B. 有时候会，看情况。（3 分）

C. 经常会，对方的想法最重要。（5 分）

3. 你觉得自己在恋爱中：

A. 保持独立，有自己的生活、兴趣和朋友。（1 分）

B. 有自己的生活，但恋爱占据了比较多的时间。（3 分）

C. 几乎没有自己的生活，全部围绕着对方转。（5 分）

4. 发现对象的缺点时，你会：

A. 客观看待，帮助对方一起改进。（1 分）

B. 可以接受，觉得不是什么大问题。（3 分）

C. 对方没有任何缺点。（5 分）

5. 当朋友指出你对象的问题时，你会：

A. 认真听取，理性分析朋友的话。（1 分）

B. 心里有点儿不舒服，但还是会思考朋友说的对不对。（3 分）

C. 立刻反驳朋友，维护对象。（5 分）

6. 你是否会为了对象而放弃前景很好的工作机会？

A. 绝对不会，事业对自己也很重要。（1 分）

B. 不好说，难以取舍。（3 分）

C. 会毫不犹豫地放弃，爱情至上。（5 分）

7. 恋爱时，你多久和朋友聚会一次？

A. 跟恋爱前差不多，定期和朋友相聚。（1 分）

B. 次数有所减少，但还是会和朋友见面。（3 分）

C. 几乎不聚会了，所有时间都想和对象在一起。（5 分）

8. 和对象吵架后，你通常会：

A. 等双方情绪稳定后，心平气和地沟通解决。（1 分）

B. 自己默默难过，等对方来哄。（3 分）

C. 马上主动求和，生怕对方离开自己。（5 分）

9. 关于对象的情史，你：

A. 不会过分在意，更关注当下和未来。（1分）

B. 有点儿在意，但不会一直纠结。（3分）

C. 非常在意，常常为此吃醋，反复询问。（5分）

10. 你在选择个人物品时，对于对象的看法：

A. 会参考对方的意见，但还是以自己的喜好为主。（1分）

B. 会犹豫不决，觉得对方的看法也很重要。（3分）

C. 完全按照对方的喜好来选择，只为让对方开心。（5分）

11. 你是否会因为担心对象不高兴，而不敢和异性正常交往？

A. 不会，正常社交很重要，相信对方会理解。（1分）

B. 有点儿顾虑，但还是会正常交往。（3分）

C. 会刻意避免和异性接触，怕对象误会。（5分）

12. 和对象相处时，消费主要由谁承担？

A. 双方合理分担，根据经济状况决定。（1分）

B. 大部分时候自己承担，偶尔也会让对方承担一些。（3分）

C. 基本都是自己承担，只要对方开心就好。（5分）

13. 当和对象有不同的意见时，你会：

A. 理性分析双方的观点，和对方平等讨论。（1分）

B. 会适当让步，但还是会表达自己的想法。（3分）

C. 总是顺着对方，放弃自己的观点。（5分）

14. 你是否会为了有更多时间和对象相处，而减少自己的睡眠时间?

A. 绝对不会，身体健康很重要。（1 分）

B. 有时候会，看情况。（3 分）

C. 经常会，只要能和对方在一起就好。（5 分）

15. 你对未来的规划:

A. 有自己独立的规划，恋爱只是生活的一部分。（1 分）

B. 规划中会考虑对象，但也有自己的空间。（3 分）

C. 所有规划都围绕着对象和两人的未来，没有自己单独的方向。（5 分）

16. 当对象忘记重要纪念日时，你会:

A. 平和沟通，理解对方可能有其他事情要忙。（1 分）

B. 有些失落，但不会表现出来。（3 分）

C. 非常难过，怀疑对方不爱自己。（5 分）

17. 对于手机里的聊天记录，你会:

A. 保持隐私，但愿意在必要时分享部分内容。（1 分）

B. 偶尔主动给对象看，以表诚意。（3 分）

C. 随时接受对象的检查，主动删除可能引起误会的对话。（5 分）

18. 发现对象和异性正常社交时，你会:

A. 完全理解，这是正常的人际交往。（1 分）

B. 表面不在意，但心里有点儿介意。（3 分）

C. 立即要求对象停止与对方接触。（5 分）

19. 你会在社交媒体上：

A. 按自己的习惯分享生活，不过分展示恋情。（1分）

B. 适当发布恋爱日常，但保持其他内容。（3分）

C. 几乎只发与对象相关的内容，频繁秀恩爱。（5分）

20. 如果对象临时取消约会，你会：

A. 调整自己的计划，利用这段时间做其他事情。（1分）

B. 有些失望，追问改期时间。（3分）

C. 非常焦虑，反复确认对象爱不爱自己，或反思自己是否做错了什么。（5分）

结果分析		
20—50分	基本没有恋爱脑倾向	在恋爱中，你能够保持清醒的头脑和独立的自我，懂得平衡爱情与生活其他方面的关系，理性对待恋爱中的各种问题。
51—80分	有一定程度的恋爱脑倾向	在恋爱中，你会在一些方面倾向于恋人，但还没有完全失去自我。需要注意在某些时候更加坚定自己的立场，避免过度迁就。
81—100分	典型的恋爱脑患者	在恋爱中，你几乎完全以恋人为中心，可能已经失去自我和独立思考的能力。建议你重新审视自己的生活，找回属于自己的空间和方向，避免在爱情中过度迷失。
温馨提示：测试结果仅供参考。每个人的恋爱经历和模式都独一无二，恋爱脑的程度也会随时间和经历的变化而变化，请以轻松、理性的态度看待测试结果，如果它能为你带来一些启发，那这便是它最大的价值。		

恋爱脑类型大赏：看看你是什么“脑”

◆ ◆ ◆

你知道吗？恋爱脑也分类型，有一恋爱就疯狂付出的“慈善家”，有把情绪当武器的“小炸弹”，还有总想着掌控一切的“霸道总裁”……快来看看你是不是也在其中吧！

“美颜脑”：自带滤镜的“爱情摄影师”

特征：给对方加上十级美颜滤镜，无视对方的所有缺点，甚至把缺点也脑补成优点。

- 对方撒谎

非“美颜脑”：“这人不可信。”

“美颜脑”：“他一定是怕我担心才撒谎的，好贴心哪！”

- 对方抠门

非“美颜脑”：“这人有点儿小气。”

“美颜脑”：“他好会过日子，勤俭持家的样子真让人心动！”

“美颜脑”的唯美文艺片：把对方拍得光芒万丈，却忽略了他可能只是一个“路人甲”。

“付出脑”：自我感动的“慈善家”

特征：把付出当成爱情的筹码，永远把对方的需求放在第一位，甚至不惜牺牲自我。

● 对方随口提起喜欢某款香水

非“付出脑”：“确实不错。”

“付出脑”：“虽然这个月工资还没发，但是我可以借钱买给他！”

● 对方工作压力大

非“付出脑”：“加油，别太累。”

“付出脑”：“我要每天给他送饭，陪他加班，他一定会觉得我是世界上最支持他的人！”

“付出脑”的苦情独角戏：你是那个默默付出、不求回报、感天动地的主角，但观众只有你自己。

“糖衣脑”：沉溺于甜言的“情感空心人”

特征：把情话等同于爱情，在甜蜜陷阱中逐渐丧失判断力。

● 对方承诺结婚

非“糖衣脑”：“要看实际行动。”

“糖衣脑”：“他说会娶我就是认定我了，现在忙事业都是为了我们的未来！”

● 对方说以后养你

非“糖衣脑”：“自己养自己才最靠谱。”

“糖衣脑”：“他说会养我，那我以后就靠他了，他肯定能给我无忧无虑的生活！”

“糖衣脑”的泡沫剧场：捧着满手糖纸当成爱情信物，却不知道真正的巧克力早已过期。

“傀儡脑”：认知崩塌的“爱情木偶”

特征：在长期被精神操控中逐渐丧失自我价值感，将对方的评价视为唯一真理。

- 对方贬低你的外貌

非“傀儡脑”：“审美是主观的，我有自己的魅力。”

“傀儡脑”：“他说我胖就是真的胖，明天开始节食减肥！”

- 对方不喜欢你的穿衣风格

非“傀儡脑”：“自己的喜好最重要。”

“傀儡脑”：“他不喜欢这种风格？马上换成他喜欢的，现在就去买！”

> **“傀儡脑”的恋爱剧场：在对方编织的谎言迷宫中裸足奔跑，每道伤口都被解读为“不够爱”的证明。**

“依赖脑”：没对方不行的“寄生兽”

特征：把对方当成生活的全部，严重丧失独立性。

- 对方出差一周

非“依赖脑”：“正好可以约朋友出去玩。”

“依赖脑”：“吃饭不香了，觉也睡不着了，我是不是该请假去他出差的城市找他？”

- 规划未来

非“依赖脑”：“探讨双方的人生目标。”

“依赖脑”：“你去哪我就去哪，你的未来就是我的未来。”

> **“依赖脑”的末日灾难片：在对方的世界里搭建避难所，却没有意识到其实自己就是“风眼”。**

“焦虑脑”：24小时在线的“福尔摩斯”

特征：极度缺乏安全感，时刻担心对方不爱自己。

- 对方没接电话

非“焦虑脑”：“可能在开会。”

“焦虑脑”：“是不是我哪句话惹他生气了？他是不是想分手了？”

- 对方换了新头像

非“焦虑脑”：“这很正常。”

“焦虑脑”：“他为什么突然换头像了？是不是在暗示什么？莫非他喜欢上别人了？”

“焦虑脑”的悬疑推理剧：你是一个试图破解“他到底爱不爱我”谜题的侦探，但线索全是自己脑补的。

“爆炸脑”：情绪失控的“不定时炸弹”

特征：用激烈的情绪表达爱意，在歇斯底里中消耗感情。

- 对方忘记纪念日

非“爆炸脑”：“下次提醒他。”

“爆炸脑”：“你根本不在乎我，这日子没法过了！”

- 对方指出缺点

非“爆炸脑”：“有则改之。”

“爆炸脑”：“你是不是嫌弃我了？是不是不爱我了？我们分手吧！”

“爆炸脑”的战争片：用情绪炸弹狂刷存在感，最后只剩自己在一地狼藉中哭泣。

“控制脑”：爱情里的“霸道总裁”

特征：试图掌控对方的一切，以为自己独立清醒，其实已丧失自理能力。

- 对方和异性正常聊天

非“控制脑”：“没关系。”

“控制脑”：“他是不是对那个人有意思？要不要让他删掉那个人？”

- 对方有自己的兴趣爱好

非“控制脑”：“每个人都有自己的生活。”

“控制脑”：“他为什么花那么多时间在别的事情上？到底是兴趣重要还是我重要？要不要让他放弃？”

> **“控制脑”的“霸道总裁”剧：你是那个试图掌控全局的人，但对方可能正在策划脱离你的掌控。**

“入侵脑”：私人领域的“监控摄像机”

特征：以“爱”的名义践踏对方的边界，在越界行为中获得病态掌控感。

- 关于查手机

非“入侵脑”：“信任应建立在尊重隐私之上。”

“入侵脑”：“爱我就不应该有秘密，不然就是心里有鬼！”

- 面对晋升机会

非“入侵脑”：“支持你。”

“入侵脑”：“请问您是他的领导吗？这个项目还得去外地出差，他不参加了，谢谢！”

> **“入侵脑”的监控摄像：无所顾忌地入侵对方的私人领地，身后只留下一片狼藉。**

“原谅脑”：自我PUA的“爱情打工人”

特征：爱情里没有底线，只有原谅，认为自己是温暖对方、拯救对方的天选之子。

- 对方有暴力行为

非“原谅脑”：“这人不能处，赶紧分手。”

“原谅脑”：“他这么生气都没有和我分手，一定还爱我。我要更体贴！”

- 对方出轨

非“原谅脑”：“分手，下一个。”

“原谅脑”：“他说他会改，我相信他！也怪我最近不够关心他……”

> **“原谅脑”的苦行僧传奇：你被对方虐了千百遍，却依然待对方如初恋，可惜对方也许根本没把你当人看。**

“废墟脑”：沉溺过去的“情感考古学家”

特征：将分手现场异化为精神废墟，在记忆的残骸中反复挖掘“未完成的爱”。

- 对方已有新恋情

非“废墟脑”：“祝福彼此，各自安好。”

“废墟脑”：“他只是暂时迷路了，我们的爱情才是正品！”

- 对方明确拒绝复合

非“废墟脑”：“接受现实，向前看。”

“废墟脑”：“一定是我哪里不够好，我要改变自己，重新吸引他！”

> **“废墟脑”的考古纪录片：在分手废墟里执着拼凑破碎的“爱情化石”，却不知真正的未来早已长出新的年轮。**

恋爱脑清醒语录

◆ ◆ ◆

真正的浪漫从来不是在别人的故事里当配角，而是在自己的人生剧本里，与对方一起成为主角。

恋爱脑：“每个人都有缺点，但他是例外！”

——别幻想完美恋人，毕竟连巧克力都有苦甜不均的时候。

☆他没那么特别，是你给的光环太亮。

☆你以为自己看到的是真实的他，其实你看到的可能只是你想象中的他。

☆你以为他是偶像剧的男主角，其实现实里他连群众演员都算不上。

☆给他开滤镜，就等于让自己活在“美颜”的骗局里。

☆恋爱滤镜有多强，现实打击就有多痛。

真爱无须滤镜，自然的就是最美的。

恋爱脑：“爱一个人就是要为他付出一切！”

——谈恋爱不是做慈善，你也不是 24 小时待命的志愿者。

☆你的无私若成了习惯，对方就会忘了珍惜。

☆你为他倾尽所有，只会让他觉得“我好有魅力”。

☆爱情不是取款机，别把自己掏空了。

☆别总把对方的需求放第一，你自己的感受也很重要。

☆你的好若成了压力，对方就会想逃离。

你的人生剧本里，爱情只是支线任务。

恋爱脑：“他说结婚以后我只用负责貌美如花！”

——他这么说，只是因为知道你爱听。

☆你说的双向奔赴，难道就是他画饼，你吃饼？

☆他说要养你，小心他在骗你。

☆别只听他说“永远爱你”，要看他日常如何爱你。

☆蜜饯虽甜，但容易坏，吃多了还会伤胃。

☆别看对方说什么，要看对方做什么。

远离廉价感动，毕竟甜言蜜语又不需要成本。

恋爱脑：“他说我不行，我就是真的不行。”

——他的话不是命令。

☆ 你是独一无二的宝藏，不是他口中的瑕疵品。

☆相信自己，你不是他的“定制人偶”。

☆记住，你的魅力词典里，没有“他不喜欢”这个词。

☆ 他的评价不是你的人生“判决书”，你也不是被他审判的“罪人”。
☆ 你的魅力不需要他认定，你的风格不需要他认可，你的价值不需要他定义。

做自己，比做任何人的理想型伴侣都耀眼。

恋爱脑：“没了他，我该怎么办？”

——你不能只围着他转。

☆ 每日三省：“我没有自己的生活吗？我没有自己的事做吗？我没有自己的朋友吗？”
☆ 睁开眼，世界很大，爱也很广。
☆ 假如没了他真的是一场灾难，那么你自己才是这场灾难里唯一能按下重启键的人。
☆ 如果你对一个人太迷恋，其实是你自身出了问题。
☆ 你不是离不开他，你只是不想一个人生活。

去发光，而不是被照亮。

恋爱脑：“他今天没有说晚安，是不是不爱我了？”

——谈恋爱不是打卡任务，他可能只是睡着了。

☆ 你不是爱情“守夜人”，没必要 24 小时警惕对方的“异常情况”。
☆ 你是在谈恋爱，不是在打仗，别总是草木皆兵。

☆对方没那么多心思让你猜，大多数时候都是你自己吓自己。
☆他的小变化不是分手的前奏，而是你太过敏感的警报。
☆安全感不是猜出来的，是自己给的。站稳了，别晃。

安全感不是猜出来的，是自己给的。站稳了，别晃。

恋爱脑：“你如果真的爱我，怎么会不知道我想要什么！”

——有事说事，情绪解决不了问题。

☆你不是爱情里的“情绪炸弹”，不能靠发脾气掌控一切。
☆别一言不合就“奓毛”，他也需要被温柔对待。
☆用歇斯底里消耗感情，最后可能只剩一地鸡毛。
☆你以为的“爱之深责之切”，其实只是无理取闹。
☆别让爱的火花，变成情绪的“爆炸现场”。

所有的不依不饶，最后都是画地为牢。

恋爱脑：“消息秒回，外出报备，工资上交！”

——他不是你的附属品。

☆把爱情当“领地”？他又不是你的“附属品”，别乱圈地！
☆不要对别人的金钱充满占有欲，他不是你的“取款机”。
☆爱情不是玩游戏，他也不是任你操控的“虚拟角色”。

☆ 你控制得越紧，他逃得越快。

☆ 霸道不是爱，是自我中心的投射。

他只是谈了场恋爱，不是签了卖身契。

恋爱脑："他肯定是太忙了，不是故意忽略我。"

——没人会从早忙到晚，人都会和喜欢的人联系，其实你都明白。

☆ 真正喜欢你的人，会比你主动十倍。

☆ 因为你不重要，所以他情商不高。

☆ 相互吸引的人，是不需要费劲奔跑的。

☆ 他只是在谈恋爱，不是在爱你。

☆ 有趣的事物，不应该分享给敷衍的人。

醒醒吧，他没那么爱你。

恋爱脑："他说会改，再原谅他这一次吧。"

——你无底线地原谅谁，谁就能无底线地伤害你。

☆ 他第一次伤害你，本质上是在试探你的底线。

☆ 他怎么对你，都是你暗示给他的。你把他捧到高位，他就会为所欲为。

☆ 他明知道那样做，你会难过，可他还是那样做了。这不叫犯错，这叫选择。

☆故意伤害你的人，怎么可能在意你难不难过。

☆人家不就是觉得你会忍一忍，才这样对你的吗？

打破自己原则的爱一定会烂尾。

恋爱脑：“他为什么要这样对我？”

——行动就是答案，何必追问为什么。

☆你这么难过他都无动于衷，你还在期待什么？

☆你无条件包容他，他只会洋洋得意，觉得自己好有魅力。

☆如果一个人表面上对你不怎么在乎，那就是真的不在乎你。

☆他对你冷暴力的时候，或许在和别人热火朝天地谈恋爱。

☆应该从喜欢里得到力量和快乐，而不是花光力量和快乐去喜欢。

恋爱导航：“请在合适的位置掉头。”

恋爱脑：“道理我都懂，但就是放不下。”

——放不下他的时候，多想想他是怎么放下你的。

☆雨已经停了，再送伞毫无意义。

☆你频频回头，只会让他觉得自己很厉害。

☆对的人才叫复合，错的人只是重蹈覆辙。

☆一本书读第二遍，只有新的感悟，没有新的结果。

☆把自己还给自己，把别人还给别人。让花成花，让树成树。

世界上那么多人，怎么就非他不可了？！

恋爱脑：“及时止损？可我已经付出了那么多。”

——那些被浪费的爱，其实可以用来好好爱自己

☆好好爱自己，就是教别人如何爱你。

☆你就做你自己，爱你的人会来爱你。

☆谁都可以辜负你，唯独你自己不可以。

☆不要总等待别人拯救你。

☆美好的人生不需要用恋爱来证明。

爱自己这件事，什么时候都不晚。

爱情是锦上添花，不是雪中送炭

人生这道选择题，怎么选都会有遗憾。但无论怎么选，请记住：谋爱前先谋生，爱人前先爱己。爱情是你自己的，与别人无关。

愿你在自己的目光里，永远鲜活。

实战篇

——风华正茂的年纪，怎么能被爱绊倒？

恋爱脑滤镜下的失真：遇人不淑，是因为我们一叶障目

在爱情里，我们常常会理想化对方，把自己的情感投射到对方身上。这样一来，就容易忽略对方的缺点，错把不合适的感情当成天赐良缘，沉浸在自己编织的幻想中而不自知。当爱情的滤镜慢慢消失，真实的情况才会显露出来。学会放下这些幻想，才能清楚地认识自己和对方，走出感情的迷雾。

把“颜值”当成择偶标准，风险系数有多高

爱情案例

李心瑶一直坚信“颜值”是择偶的首要标准，外貌好能弥补一切不足。在她看来，哪怕一个人性格不好、能力一般，但只要长得帅气，就能为恋爱关系加分。她谈过的几段恋爱，对象都是外形极为出众的男生，这让她觉得自己特别幸运。每开始一段恋情，她就喜欢在社交平台分享情侣合照，向朋友们炫耀自己的“高颜值”男友。她还特别喜欢和男友一起在时尚派对中亮相，享受众人艳羡的目光，她觉得这就是幸福的样子。

然而，她的每段恋情都持续不了多久。拿她的第二任男朋友程昱来说，在心瑶眼里，程昱堪称完美——身材高大挺拔，面容英俊帅气，着装精致讲究，笑容极具魅力，还频繁出现在各类高端场合，所到之处总能吸引众人的目光。可实际上，他们的恋情并不像心瑶展示得那么甜蜜。程昱对心瑶总是有些冷漠、疏离：约会时，程昱经常迟到，虽说每次都会道歉；和心瑶发消息聊天，程昱也经常无故消失，几个小时后才回复；有时候约好了见面时间和地点，程昱却突然以“有事”为由爽约。这些小问题越积越多，让心瑶疲惫不堪。但一想到程昱帅气的模样和朋友羡慕的眼神，她就安慰自己：“这些都是因为他工作太忙了。”

直到有一天，心瑶无意间看到程昱的聊天记录，里面不仅有他和好几个女生的暧昧交流，还有他和其他女孩的亲密合照，而这些照片里完全没有心瑶的影子。心瑶瞬间意识到，程昱的冷漠与疏离，其实早就给这段感情敲响了警钟。

心瑶向程昱倾诉自己的不满与失落，可得到的只是简短又敷衍的回应：

“你要是不满，那我们就分手好了。”这句话如同重拳，将心瑶对程昱的所有幻想击得粉碎。更可悲的是，程昱并非个例。心瑶慢慢回想起自己过往的几段感情，惊觉自己因为过度迷恋外貌，而忽略了对方的性格和内心世界，致使每段恋情都陷入危机四伏的感情泥沼，最终以不幸告终。

爱的底层逻辑

在现代社会，外貌常常被赋予过高的价值，成为许多人择偶时的首要考量因素。这一现象背后，隐藏着人们对即时吸引力和外界认同的依赖。当个体过度依赖外貌去评判他人时，往往会忽略性格、价值观、沟通能力等更为关键的因素。

这种对外貌的过度痴迷，实际上反映出人们内心深处的情感空缺，以及对“完美”关系的幻想。很多人把外貌当作某种“完美”的象征，觉得只要拥有一个外貌出众的伴侣，就能获得社会认可，实现自身价值的提升。然而，这种思维方式容易让人在感情中产生不切实际的期待，而忽略了爱情的本质是情感的深度交融、彼此尊重与接纳，以及共同成长与担当。一段仅仅建立在外貌基础上的感情，往往十分脆弱，一旦外部吸引力消失，这段关系的空洞就会显现出来。

更关键的是，这种过度注重外貌的择偶标准，可能会掩盖个体真正的需求。在寻觅伴侣的过程中，如果只关注对方光鲜亮丽的外表，就很容易忽视彼此在性格、情感需求等方面的差异。这不仅会导致关系失衡，还可能让人忽略自身对情感的真实需求和期望，最终迷失在不适合自己的感情关系中。

恋爱清醒指南

出众的外貌能在瞬间抓住人们的目光，但这并不意味着它能长久维持一段关系。实际上，内心的契合和共同的目标，才是让关系稳定的基石。单纯依赖外貌来维系一段感情，会让人忽略了关系中的深层次需求与内在的情感联系。

- **培养全面的情感认知，避免单一标准的陷阱**

重视培养全面的情感认知，认识到健康关系的核心在于相互尊重、理解和信任。在选择伴侣时，除了外在的吸引力，还应关注对方的情感成熟度、沟通能力及应对冲突的方式。通过建立更为多元化的择偶标准，减少对单一标准的依赖，能够避免进入表面光鲜但内在空虚的关系中。

- **学会情感独立，减少外部条件对情感的左右**

感情里的过度依赖，常常是因为内心缺乏安全感，以及对外在条件过于看重。通过增强情感独立性，比如促进自我成长、构建健康的社交圈、培养个人兴趣爱好等，可以慢慢把注意力从外界的评价转移到自身内心的满足上，从而避免陷入只看外貌的误区。当你不再将情感完全寄托于外在条件时，就能更理智地对待感情，从而做出更符合自己真实需求的选择。

他对你很好，可是为什么要对你那么好呢

爱情案例

“你一个人搬这么多东西，累不累呀？下次记得叫我。”第一次听到这样关心的话语，念芷心里涌起一阵暖意。那时她刚结束一段失败的恋情，内心正急需温暖的慰藉，所以高明远的出现，宛如一束微光照亮了她的生活。

高明远的“好”体现在方方面面，正好填补了念芷情感上的空缺。她忘记带伞时，高明远会递来一把崭新的雨伞；她加班到深夜，他会发来关切的

消息："晚上别吃泡面，对胃不好。"念芷说喜欢满天星，生日那天，她就收到了高明远送的满天星花束……这些细腻又贴心的举动，让念芷逐渐对高明远产生了依赖，开始觉得自己备受关注。

"他对我是真心实意的。"念芷对闺蜜说，"这些细节，一般人可不会这么用心去做。"念芷开始相信，高明远对她这么好，是因为在他心里，自己是独一无二的。

可事情慢慢偏离了她的预想。一次偶然的机会，念芷在同事晓琳的朋友圈里看到一张照片，上面是一束熟悉的满天星，就连包装丝带和贺卡的样式，都和她收到的一模一样。念芷看着照片，心里一阵刺痛。她努力安慰自己："这并不能说明什么，或许只是巧合。"

然而，接下来的发现让念芷愈发不安。她发现高明远对其他同事，尤其是公司里有潜力的年轻女同事，同样表现出类似的"特别"。他不仅记得每个人的生日，还会主动帮忙选甜点、跑腿，甚至午餐时，贴心地为某位女同事订餐。他的体贴面面俱到，每个人都能感受到他的关怀。

一次闲聊，念芷试探地问高明远："你为什么对大家都这么好？"高明远依旧一副温柔的样子，笑着回答："我觉得帮助别人挺有成就感的，看到大家开心，我也高兴。"

这个回答让念芷彻底醒悟。他的"好"看似温暖，实则并非出于情感，而是他经营人脉的一种手段。这种无差别的关怀，不过是为了在众人面前维持自己的形象，而自己只是他社交棋局里一颗被刻意维护的棋子罢了。

爱的底层逻辑

在感情里，恋爱脑的人常常由于缺少理性判断而错付真心。他们倾向于把对方的"好"当成独一无二的深情，却不去想这些行为背后可能藏着其他动机。当对方给予体贴关怀时，恋爱脑的人就容易过度解读成爱的信号，沉浸在自己幻想出来的情感世界中，无法清醒地认识到真实的情感状况。

案例中的念芷就是如此，高明远并不是因为动了真情才对她好，而是把“对别人好”当作经营人际关系的手段，可念芷到最后才察觉。恋爱脑的人在情感上十分依赖“特别对待”这种感觉，错以为对方的关怀只针对自己。但就是这种单方面的情感解读，使他们忽略了对方的行为其实是普遍存在且带有策略性的。

恋爱脑的人之所以会错付感情，关键就在于他们总是从对方的行为里去挖掘情感价值，而不去理性分析对方的行为动机。这种过于感性的解读方式，会让他们对对方的一些无意行为抱有过高期望，而他们一旦发现真相，心理落差也会更大。想要避免陷入这样的情感困境，就要对那些看似无缘由的“好”保持警惕，学会透过表面现象看清情感的本质，用理性思维去分析对方的真实意图。

恋爱清醒指南

“对你好”往往令人动容，但它并不总是深情的信号。这种时候，唯有保持理性和清醒，学会透过表象辨别情感的真伪，才能在爱情中避免伤害，找到真正值得付出的人。

● 罗列对方的行为，剖析其一致性与独特性

如果对方的“好”让你心生困惑，那就试着回想并记下其对你做过的具体事情，然后审视这些行为有没有连贯性（是不是长期且不间断地出现），是否具备独特性（仅仅针对你，而不是对其他人也这样）。举例来说，看对方是不是对别人也一样关怀备至、体贴入微，又或者这种“好”是不是只在对其有利的情形下才出现。通过梳理对方的行为，你能更清楚地分辨出对方的关心到底是不是基于对你的感情。

- **借助旁人的视角，再次评估感情状况**

当你没办法从感情中清醒过来时，向信得过的朋友或家人讲讲这段感情的现状也是一种好办法。因为第三方的看法通常更为客观，能够点出那些被你忽略的地方。比如，他们或许会察觉到对方的行为更像是带有目的的接近，而不是真心实意地付出。这种来自外部的反馈能协助你跳出情感的困惑，重新考量这段感情的真实状态。

- **设定“情感冷静期”，弱化依赖，找回独立状态**

如果对方的行为使你感到迷茫，那么不妨给自己安排一段“情感冷静期”，减少主动与对方联系的频率。在这段时间里，专注于自己的生活，重新拾起以前的兴趣爱好，同时留意对方是否还会主动关心你。冷静期不但能帮你恢复理性思考的能力，还能让你更加确定这段感情值不值得投入。

成熟大叔的“温柔刀”，伤害力可以有多大

爱情案例

姚琴自认为在感情方面有着清晰的判断力，直至遇见陆怀远，这个成熟温柔的中年男人。他的言谈举止间透着从容优雅，浑身散发着岁月沉淀下来的独特魅力。

陆怀远不同于那些急于求成的追求者，他以一种舒缓而细腻的方式走进姚琴的生活。他的话虽然不多，但总能在关键时候给予她恰到好处的安慰。他的那些关怀看似漫不经心，却总能精准地触动姚琴心底的柔软之处。

陆怀远热衷于和姚琴分享自己的经历和观点，包括工作经验、人生感悟

等。姚琴感觉自己仿佛被引领进了一个全新的领域，一个由陆怀远营造的温馨世界里。每一次交流、每一回散步，姚琴都深深地陶醉其中。她笃定自己终于邂逅了一个真正理解她的人，一个成熟稳重、值得依靠的伴侣。

起初，姚琴也曾疑惑：像陆怀远这样优秀的男人，怎么可能一直单身？对此，陆怀远的解释是，自己曾经深爱过一个女孩，但家里极力反对，而当初的自己没有和家里对抗的勇气，所以被迫和女友分开，之后就一直心门紧锁，直到遇见了姚琴。姚琴接受了这个说法，而且对陆怀远更有好感了。

可是，就在姚琴沉浸在甜蜜的爱情中时，一个从天而降的电话让她如坠冰窖："你好，请问你是姚琴吗？我是陆怀远的妻子，想和你谈谈。"原来，陆怀远不仅有家室，而且还有两个可爱的孩子。

得知真相的姚琴感到愤怒和羞耻。而面对她的质问，陆怀远却镇定自若地说："男人在外面找点儿乐子不是很正常吗？要怪就怪你自己太天真。而且，你也确实享受到了我对你的好，这还不够吗？"这句话如同一记重击，让姚琴彻底清醒过来：自己只不过是陆怀远乏味生活的调味剂而已，曾经以为的近在咫尺的幸福，不过是他随意施舍的一点儿甜头。

爱的底层逻辑

成熟大叔往往以稳重、温柔和深思熟虑的形象赢得人心。然而，这种表象下蕴藏的伤害力极大，因为他们的情感表达克制而隐秘，使他们具备一种独特的吸引力。与他们相处，会让人感受到一种独特的被理解和关怀，而正是这种贴心但并不明确的情感态度，容易将对方困在情感幻觉中，杀伤力极大。

案例中的陆怀远就是这种类型的人，他凭借岁月沉淀下来的丰富阅历，以一种看似真诚且细腻的方式接近姚琴，精准地捕捉到她内心的情感需求，在情感上给予姚琴极大的误导和迷惑，使其在不知不觉中投入了大量的情感和信任。但是，在"完美爱人"的表象之下，是一颗冷漠、自私的心。他通过编造谎言进一步骗取姚琴的同情与好感，可在谎言被揭穿后，他不但没有愧疚和悔改之意，反而以一种冷漠、自私且具有羞辱性的态度回应，将姚琴置于极度尴尬和痛苦的境地。

恋爱清醒指南

从心理学的角度来看，成熟大叔容易引发他人的情感投射和理想化认知。他们的成熟表现满足了人们潜意识中对安全感和情感指引的需求，使得被吸引者不自觉地将内心中对理想伴侣的期待全部寄托在他们身上，陷入一种“情感幻想”状态。但实际上，这类大叔很可能只是在利用自身的优势来满足某种私欲，如虚荣心、追求新鲜感等，并非真心想要经营一段健康的感情关系。

- **沟通对关系的期望**

与大叔坦诚地交流自己对这段关系的期望和规划，观察对方的反应。如果对方总是回避或者含糊其词，那么很可能他并没有与你建立健康稳定关系的打算。比如，可以询问对方对于未来几个月或者一年内的相处有什么想法，看他是否能够给出明确且合理的回应。

- **设定明确的关系界限**

在与大叔接触初期，就要清晰地梳理出自己在这段关系中的核心需求，如希望获得真诚的情感交流、尊重和平等对待等。同时，明确自己绝对不能接受的行为底线，比如对方的隐瞒、欺骗或者脚踏多只船等情况。一旦对方触及这些底线，就要有勇气及时止损，果断离开这段关系。

- **定期梳理自己的情感状态**

定期进行自我反思，回顾自己在与大叔交往过程中的情绪变化。比如，当发现自己因为对方的一个微笑或者一句关心就情绪起伏很大时，要意识到自己可能陷入了情感的过度投入阶段，及时提醒自己保持冷静。

你以为的专属星光，可能只是公共灯塔

爱情案例

许静安坐在文学创作营的教室里，眼睛紧紧盯着梁放。讲台上，梁放口若悬河，说话条理清晰又幽默风趣，同学们的热情都被他调动了起来。静安听得聚精会神，对梁放的才华很是钦佩，心里还有一丝别样的情愫在悄悄蔓延。在她眼中，梁放不只是一位优秀的导师，更像是能与她灵魂契合的人。

来到创作营的第二天，静安找机会向梁放请教自己的作品。梁放看了看稿件，温和地说："写得很不错。你的其他文章我也看过，很有文字天赋，不过还得好好沉淀一下。"静安听了，心跳骤然加快，觉得这简单的评价不只是对她写作能力的认可，更像是一种特别的关注。从那以后，她越发勤奋，一心想让自己的文章得到梁放更多的赞扬。

静安开始格外留意梁放的动态。只要听说有与他相关的活动，她就提前准备好问题，只为了和他多说几句话，而每次梁放都会耐心地和她交流，给她指导。比如，在又一次交流中，梁放看了她新写的一篇文章，然后指着其中的一个段落说："这段环境描写很棒，语言简洁，但又把氛围烘托得很到位。"为此，静安高兴得一整晚都没平静下来，她把这句话写在笔记本上，当成自己继续努力的动力。

然而，静安渐渐发现，梁放对她的关注并非只此一份。她注意到，梁放对待女学员都很亲切自然。他会耐心倾听她们讲述自己的创作想法，并给出详细的建议；在聚会中，他还会主动询问她们的生活状况，甚至帮忙推荐出版机会。每个人都和静安一样，觉得自己似乎和梁放有着不一般的关系。

于是，静安开始不安起来。有一次，她和几个学员一起散步，无意中听到她们的谈话。一个学员说："梁老师上次也夸我的选题好，还专门帮我联系了编辑呢。"另一个接着说："是啊，他还指导我调整故事结构，真是用心。"静安一下子呆住了。这些事和她之前以为的梁放对她的"特别关注"没什么两样。她的内心开始动摇，原来梁放的温柔和才华并非只属于她一个人。

更让静安无法释怀的是，有一次，梁放正在和一个学员聊天，那个女孩递给他一本自己装订的书稿，有点儿害羞地说："梁老师，这本书是我听了您的课后，受到启发写的，请您一定要看看。"梁放微笑着接过，温和地说："谢谢，你太用心了，我一定会认真拜读的。"然后就和这个学员开心地聊了起来。

站在一旁的静安此刻彻底清醒过来。梁放才华横溢，如同盛开的鲜花般夺目，他的温柔也像花香一样，吸引了众多仰慕者。梁放对这些仰慕既不拒绝，也不给出明确的回应，静安不清楚这是他天生性格温和导致的，还是他乐于享受被人仰慕的感觉。她只清楚一点，梁放的关注从不是只给她一个人的。所以，静安觉得该放下对梁放的幻想了。

爱的底层逻辑

梁放作为才华出众、幽默风趣且温柔亲切的导师，成为创作营学员们观察和学习的榜样。静安也被梁放的才情所吸引，从而产生了钦佩与爱慕之情。这种对榜样的倾慕是正常的心理反应，但问题在于，静安没有意识到梁放的才情会吸引众多人，而不仅仅是她自己。

才华是一种极具吸引力的特质，梁放的文学才华使他在人群中脱颖而出，像一块磁石吸引着周围的人向他靠近，而他的温柔态度又进一步放大了这种吸引力，让学员们误以为自己得到了特殊的关注和青睐。

受才华吸引的人很容易因为对方的关注而感到满足，同时也会因为对方的忽略而感到失落。这种心态，会让人忽略真实的互动模式，而沉浸在自我构建的情感幻想中。最终，这种单向的仰慕往往会在现实面前瓦解。

恋爱清醒指南

被才华吸引是正常的事，但如果一味沉浸在对方才华的耀眼光芒中，就容易让人脱离现实，陷入自己虚构的情感幻想里，难以自拔。如果想改变这种状况，就要凭借理性思考，并通过实际行动加以调整，重新找到自我价值，让情感从幻想回归真实。

● 理性看待对方的表现，消除“特殊对待”的误解

如果察觉自己对对方的言谈举止有过度解读的情况，就要站在旁人的角度，重新去分析对方的行为。比如，留意对方对其他人是不是也有着相近的态度。一旦发现对方对待所有人都同样耐心温和，那就表明对方的才华和魅力是面向大众的，而并非只针对你。把这些观察结果记录下来，用现实击败幻想，让情感认知变得更加符合现实。

● 增强与现实的接触，防止情感幻想加剧

当你对对方产生不切实际的期待或者陷入幻想的时候，不妨通过实际行动去验证自己的想法。举个例子，如果你觉得对方对你怀有特殊的感情，那就直接与对方沟通确认，而不是仅仅凭借一些细节来猜测对方的心意。与此同时，定期与信赖的朋友聊聊，听听他们的看法，借助外部视角来审视自己的情感状况，避免在自我营造的情感旋涡里越陷越深。

● 将仰慕转化为自我提升的动力

才华之所以迷人，是因为它唤醒了个体对自身成长的渴望。应当把对方的优点转化为激励自己进步的动力，而不能只是一味地沉迷其中。通过学习新的知识、技能，或者专注于自己感兴趣的事情，可以慢慢发现自己的闪光点，从而构建起属于自己的独特价值体系，真正成为自己人生舞台上的主角。

体面的工作，不等于给你体面的婚后生活

◆ ◆ ◆

爱情案例

刘瑶曾以为，嫁给王岩是自己这辈子最正确的选择。王岩在外企担任中层管理职务，工作稳定，年薪可观，前途一片光明，而且说话得体，无论在什么场合都自信从容。在旁人看来，这无疑是一段令人称羡的婚姻，刘瑶的父母也常对她说："这样的男人靠得住、有责任心，不会让你受委屈。"

婚前，王岩确实有不少吸引刘瑶的地方。每当刘瑶有需要，他总会及时出现，给予鼓励和建议，还为她的职业选择出谋划策。他的沉稳与优雅，让刘瑶笃定他会是一个好伴侣。恋爱时，刘瑶沉浸在对未来"体面"婚姻的想象之中，没有察觉到王岩隐藏的另一面。

婚后不久，刘瑶辞去工作，一心操持家庭。她觉得这是婚姻里的正常分工，可王岩却渐渐流露出不屑。他常把"我养你"挂在嘴边，以此显示自己的家庭地位。每次刘瑶和王岩商量家庭开销，王岩都会不耐烦地说："我赚钱养家已经够辛苦了，这些小事别来烦我。"刘瑶试图诉说自己为家庭的付出，王岩却嗤笑道："照顾家里能有多难？"

慢慢地，刘瑶为家庭的付出在王岩眼里成了天经地义的事，她的自我价值也不断被消磨。刘瑶曾努力改善婚姻状态，试图用更多的理解和包容来换取王岩的关心，然而王岩却把她的付出当成分内之事，甚至对外宣称："我老婆没有工作，全靠我养着这个家。"语气中满是傲慢与不尊重。

让刘瑶彻底清醒的，是王岩的出轨。一次偶然的机会，刘瑶发现了王岩和年轻女同事的暧昧聊天记录。那天晚上，刘瑶情绪崩溃地质问王岩："你怎么能做出这种事？我为这个家牺牲了这么多！"王岩却满不在乎地说："男人

在外面逢场作戏很正常吧？再说，我给了你安稳的生活，没亏待你吧？”这番话像一盆冷水，把刘瑶从幻想中彻底浇醒。

爱的底层逻辑

体面的工作通常是衡量婚姻质量的标准之一，因为它象征着生活稳定、收入丰厚和体面的社会地位。然而，仅靠“体面”并不足以支撑婚姻的幸福，因为工作带来的外在光环与婚姻生活中的内在需求完全不同。在挑选伴侣时，如果仅仅关注这些外在条件，就容易陷入一叶障目的困境。

当对方凭借着自身体面的职业，在婚姻关系里掌握了话语权，却又缺少平等对待伴侣的意识，对伴侣没有基本的尊重时，婚姻关系就会逐渐失衡。一方的辛苦付出可能会遭到另一方的轻视，甚至被认为是理所当然。这种失衡的状态不但会使家庭氛围变得冷淡疏离，还会致使被忽视的一方渐渐失去自我。

更糟糕的是，如果在婚姻中过度依赖对方的职业所带来的体面，人们就很容易忽视对方在性格、品德等方面的不足，如自私自利、大男子主义等不良倾向，而这些恰恰是决定婚姻是否幸福的关键因素。

恋爱清醒指南

选择伴侣时，如果过于看重对方的体面工作，那么往往会忽视其内在的品质，导致遇人不淑。想避免陷入这种困境，就需要通过理性分析和深入了解，识别真正适合自己的婚姻伴侣。

- **列出婚姻的核心需求，避免被外在条件所迷惑**

在挑选伴侣时，要理性剖析自己对婚姻的核心需求。认真思考：“我觉得幸福婚姻必不可少的条件有哪些？”接着把答案一一罗列出来，比如“情感交流”“责任分担”“尊重和理解”等。之后，对照对方的实际表现，观察其是否契合这些必要条件。如果发现对方不能满足这些需求，那就要提高警惕了。通过这种方法，能够避免被对方的职业光环迷惑，从而直面对方的真实特质。

- **观察对方在具体情境中的行为**

通过实际互动来深入了解对方的品质。比如，观察对方是否愿意主动分担家务、是否尊重服务人员、是否关注你的感受等。这些细节往往比体面的收入和谈吐更能反映一个人的性格与责任感。在婚前可以共同经历一些有压力或需要协作的场景，如旅行、筹办活动，观察对方在不同情况下的真实态度，避免仅凭表象下决心。

财富当然很耀眼，但也可以很危险

爱情案例

许晴是一个怀揣艺术梦想，独自在大城市打拼的年轻女孩。在一场画展上，她邂逅了李轩。那时，李轩身着定制西装，腕上那块限量版名表在灯光下闪闪发光，浑身散发着成功人士的独特魅力，深深吸引了许晴。

李轩经营着一家规模挺大的金融公司，出行豪车接送，名下房产不少，在众人眼中，他是个既有财富又有魅力的精英。他热烈追求许晴，许晴很快就与他陷入热恋。约会时，李轩会带她去城里最豪华的餐厅，送给她贵重的珠宝首饰，每个举动都像是在诉说着满满的爱意与宠溺。许晴沉浸在这看似完美的爱情童话里，憧憬着和李轩的美好未来。她甚至放弃了原本坚持的艺术追求，把更多的时间花在这段感情上，期盼着能跟李轩步入婚姻的殿堂，共享财富带来的安稳和幸福。

不过，随着交往越来越深，许晴发现了财富背后隐藏的危机。李轩的公司陷入严重的经济危机，资金链断了，合作伙伴都撤资了。曾经意气风发的他变得焦虑又暴躁，和许晴的每次约会都以抱怨和争吵结束。

更让许晴伤心的是，李轩在困境中开始露出不择手段的一面。比如，李轩在知道许晴有一个亲戚在某大型企业担任重要职务后，就向许晴施压，让她去劝亲戚和自己濒临破产的公司签一份看似合作，实际上是为了套取资金的虚假合同。他还编造虚假的投资项目，试图骗取许晴在艺术圈认识的一些名流的信任和资金，以填补公司的财务窟窿。

许晴对李轩的这些行为表示不满时，李轩就对她恶语相加，指责她在自己最困难的时候不懂得付出和支持，过去的温柔体贴荡然无存。这时许晴才突然意识到，自己被财富的表象迷惑了，陷入了危险的处境。财富带来的不只是物质享受，还有人性在压力下的扭曲和变化。这段恋爱让她明白，爱情不能只建立在财富的基础上，不然一旦财富出问题，爱情也会跟着破碎，甚至可能让自己陷入困境，无法摆脱。最后，经过一番痛苦的挣扎，许晴离开了李轩。

爱的底层逻辑

财富，因其能带来丰富的物质享受，还象征着一定的社会地位，天生就有吸引众人的“耀眼”特质。李轩拥有的财富，成为许晴踏入这段感情的最初原因。在恋爱过程中，李轩的财富让许晴有了一种潜在的安全感，也让她对未来的高品质生活有了期待，这使得她在情感上渐渐依赖这段关系，愿意为它投入大量时间和精力，甚至把自己的艺术追求都搁置了。然而，当李轩的公司遭遇严重的经济危机时，财富带来的负面效应就显现出来了。巨大的财务压力让李轩的心态发生了巨大变化。这时，财富不再是滋养爱情的养分，反而成了破坏两人关系的利刃。

这个案例清楚地表明，财富在恋爱关系里就像一把双刃剑。当财富处于稳定状态时，它能营造出浪漫、安稳的氛围。一旦财富面临困境，财富拥有者的行为可能会因压力而失去控制，给恋爱关系带来毁灭性的打击。这就提醒人们，在选择恋爱对象时，不能只被财富迷惑，而应该更关注对方的内在品质、道德观念及应对危机的能力。要与对方建立一种超越物质层面、更加坚实深厚的情感联系，这样才能抵御财富变动可能带来的风险，保证恋爱关系健康、长久。

恋爱清醒指南

在现代社会的恋爱关系里，财富常常扮演着微妙且关键的角色。它能够为爱情增添浪漫与美好，可也潜藏着风险。如果人们过分看重财富，就会被其蒙蔽双眼，不但会忽视一个人内在品质的重要性，自身的独立性也往往会受到损害。

● 建立正确的财富观和爱情观

财富虽然能提升生活品质，但并非爱情的核心与全部。在恋爱初期，要通过坦诚的交流，分享彼此对财富和爱情关系的看法，确保双方的价值观基本契合。比如，定期安排“心灵对话”，专门探讨生活目标、财富规划及对爱情的期望等话题，避免盲目陷入物质营造的浪漫表象中。

● 深入了解对方的财富状况和风险应对能力

在恋爱关系逐渐稳定后，就要循序渐进地了解对方的财富来源、经济状况及其所在行业的潜在风险。可以通过参与对方的一些社交活动、结识其商业伙伴等方式，侧面获取相关信息。此外，还要观察对方应对压力和挫折的方式。比如，在日常生活中设置一些小型的“压力测试情境”，观察对方在困难面前的态度、解决问题的思路以及是否具有诚信和责任感，以此判断其在未来可能遭遇的财富危机中的表现。

- **设定情感与财富关系的边界**

在恋爱初期，应明确双方在经济往来和利用人际关系方面的边界。可以制定一些原则，如不利用对方的人脉资源谋取私利、不将恋爱关系作为商业交易的筹码等，并在交往中始终坚守这些原则。当对方提出不合理的要求时，要有勇气拒绝并及时沟通，引导对方认识到所提要求的不妥之处，共同寻求合理合法的途径解决问题。

所谓迷人的优点，多半是人的理想化偏见

爱情案例

李晴是一个热爱文学、对爱情充满浪漫幻想的女孩。在一次读书分享会上，她遇见了宇轩。宇轩身材高大、长相帅气，一身复古穿搭散发着浓郁的文艺气息，在人群中颇为显眼。但他不太合群，在分享会的交流环节，大家都在热烈讨论，他却只是静静地站在一旁。偶尔有人礼貌地找他交谈，他也只是微微点头，简短且冷淡地回应几句。周围不少人都觉得宇轩难以接近，可李晴却觉得这是他有边界感的表现，认为他是在嘈杂的环境中坚守着自己内心的宁静角落，李晴被他深深吸引了。

分享会结束后，李晴抑制不住内心的仰慕，对宇轩展开了热烈追求，宇轩也很快答应和她交往。之后，两人开始频繁约会。每次谈到文学，宇轩总能说出独到的见解。比如讨论《百年孤独》时，他对书中错综复杂的人物关系和魔幻现实主义手法的解读头头是道。这让李晴对宇轩更加着迷。她把宇轩视为自己生活中的一束光，照亮了平凡日子里的黯淡。

然而，随着相处的时间越来越久，真相逐渐浮出了水面。一次户外诗歌

朗诵活动，李晴本来期待着和宇轩在诗意的氛围中享受美好的一天。可到了活动现场，宇轩却表现得异常冷漠和疏离。诗友们热情地和他交流创作心得、分享喜爱的诗歌，他却爱搭不理；活动组织者安排分组朗诵时，宇轩不仅不配合，还抱怨流程混乱、毫无意义，使周围人对他们投来不满的目光。两人因此被孤立，李晴的心情低落到了极点。

在生活中，宇轩也并不像在人前那样光鲜亮丽：他的复古穿搭，是为了塑造形象而刻意为之，并非真的钟情于这种风格；那些精彩的文学见解，是他事先精心准备好的话术，并非源于深厚的文学素养；他对人冷淡，并不是因为有边界感，而是因为自以为是、目中无人。比如，有一次李晴的朋友来家里做客，宇轩全程冷着脸，没说几句话就回卧室睡觉了，让李晴十分尴尬。李晴意识到，自己之前所认为的宇轩的优点，很大程度上是自己的理想化偏见在作祟。曾经让她心动不已的优点，如今都变得模糊不清，只给她留下失望和迷茫。

爱的底层逻辑

人的相互吸引往往受到多种因素的影响，包括外貌、相似性、互补性等。人们在初次接触时，容易形成基于有限信息的片面印象，从而导致对对方的理想化偏见。而恋爱脑的显著特质之一，就是用这种理想化的偏见塑造对方的“完美形象”，并在感情中不断深化这种形象。

案例中的李晴最初对宇轩的认知，就存在显著的理想化偏见。她在接触宇轩初期，基于宇轩的外貌和穿搭构建了一个近乎完美的恋爱对象，并将宇轩的不合群解读为有深度的边界感，这是一种典型的认知归因错误，源于她内心对浪漫爱情对象的预设模板以及对文学气质的过度推崇。

另外，李晴的热烈追求行为也在一定程度上强化了宇轩的优势地位和不良行为模式。宇轩因李晴的爱慕而无需过多努力经营关系，使得他的傲慢、做作等问题没有及时暴露并被纠正。同时，李晴在这段关系中逐渐陷入情感依赖，所以当关系出现问题时，她遭受的情感冲击特别强烈。

恋爱清醒指南

摆脱理想化偏见的关键在于重新审视感情的真实动态，而非依赖幻想来填补空白。只有通过理性的判断和客观的了解，才能逐步摆脱恋爱脑的误区，让感情回归真实与平等。

- **判断感情是否平衡**

每段健康的感情都需要平等的投入和回应。尝试在心里问自己：“他为我做的事，是否和我为他付出的等量？”列出具体的例子，比如：“我为他准备了生日礼物，他是否也主动关心过我的需求？”通过这种对等分析，判断对方是否在情感中付出实际行动。感情的平衡需要基于事实，而非幻想的美化。

- **全面客观地了解对方**

在交往初期，不要局限于对方的表面优势和兴趣爱好，而应通过多样化的场景和活动，观察对方的行为模式、情绪反应和人际关系处理能力。比如，一起参与团队旅行、朋友聚会等，了解其在不同压力和社交情境下的真实表现，了解其是否具有同理心、合作精神，是否情绪稳定等。通过这种方式，可以减少认知盲点，避免被单一情境下的伪装所迷惑。

迷恋常是一厢情愿的妄想，也是别人冷漠的依仗

有时，我们对一个人产生的情感，并非源于对方真实的情感回馈，而是源自内心深处那些未被填补的渴望。这种情感往往只是单方面的期待，它根植于自我想象与理想化的情境之中。在这样一种情感错位的关系里，我们不仅把自己困在了虚幻的想象世界中，甚至还可能在不经意间成为他人填补情感空虚的临时寄托。

一扇不愿打开的门，一直敲必然惹人生厌

爱情案例

一次公司年会上，雨薇被站在讲台上发言的江熠吸引住了。江熠阳光帅气，眼神深邃，身上散发着一种独特的文艺气质。那一刻，雨薇的心跳莫名加速，爱情的种子就此种下。

从那以后，雨薇像着了魔一样，总是找各种机会接近江熠。她会在江熠常去的咖啡厅角落等待，只为制造一场“偶遇”；她改变自己的时间安排，只为陪他参加活动；他随口一说的爱好，她都认真记下，努力去学习、钻研。她相信，只要自己足够用心，总有一天可以敲开江熠那扇紧闭的心门。然而，江熠的态度始终如一——温和、礼貌，却总是隔着一层看不见的屏障。

一次同事聚会上，当大家笑着打趣他们的关系时，江熠不带任何犹豫地回答：“雨薇是一个好同事，你们别多想。”这句话让雨薇的笑容僵在脸上，但她很快就在心里安慰自己：“他只是比较矜持，不肯敞开心扉。”这份执着让雨薇更加努力，不断付出更多，只为维持和江熠的联系。

周围的朋友都劝雨薇放弃，说她这样付出不值得。可雨薇沉浸在自己的幻想中无法自拔，她坚信只要自己足够努力，总有一天能打动江熠。可是事与愿违，渐渐地，江熠开始对雨薇避之不及，甚至在公开场合表现出对她的不耐烦。然而雨薇还是不愿意放弃，继续敲着江熠心中那扇不愿意为她打开的门。

直到有一天，当雨薇兴冲冲地买好一场展览的门票，邀请江熠一起去看时，江熠直接说：“你别总是这样，我们只是普通同事。”这句话让雨薇愣住了，她终于意识到，感情这扇门不是靠努力就能敲开的，对方的不回应就是

答案。自那天起，雨薇决定放手。她重拾被搁置的兴趣爱好，专注于自己的事业和生活，人生这才渐渐回到了正轨。

爱的底层逻辑

不停地去敲一扇不愿打开的门，属于边界模糊的典型行为。这种执着不是经过理性思考后的决定，而是情感上形成的惯性，以及不愿接受被拒绝的心理在作祟。比如案例中的雨薇，她执着于对江熠付出，并非单纯地关心对方，而是在潜意识里希望用付出来换取对方的情感回应，归根结底是对自身的价值缺乏信心。

单方面的情感付出往往伴随着一种幻想，总觉得只要努力坚持就能改变对方的态度。可实际上，情感关系必须是双向互动的，对方的沉默或者拒绝已经是很明显的信号了。如果一味固执地“敲门”，不但打不开那扇门，还可能让对方更加不舒服，导致关系进一步恶化。

从更深层次的角度看，在这种执着的状态下，个体会逐渐迷失自我。比如，为了靠近对方，不惜改变自己的习惯、兴趣，甚至打乱原有的生活方式。殊不知这种自我消耗非但不能提升自己的吸引力，反而容易让自己陷入对这段关系的单方面过度投入中，从而失去内心的平衡与应有的尊严。

恋爱清醒指南

在情感关系里，清晰的界限和理性的判断是爱情最好的保护伞。如果盲目地执着于一段得不到回应的感情，不但会消耗自己的情感和精力，还会让对方感到不自在。只有学会看清对方的真实态度，坦然接受无法改变的状况，才能从单方面的执着中脱离出来，重新找回自我价值感与内心的平和。

- **学会解读对方的态度信号**

在与对方相处初期，如果对方总是礼貌性地回应，很少主动发起交流或接触，这可能就是一种不感兴趣的信号。在这种情况下，不要过度美化对方的言行，而要冷静看待。比如，当你多次主动约对方，而对方总是以各种理由推托，且从不提出新的邀约时，那就应该意识到对方可能没有发展亲密关系的意愿。

- **设定情感投入的边界和止损点**

在开始一段感情追求时，要给自己设定时间或精力的上限，比如尝试接触一个月，如果对方的态度没有明显改善，就暂停主动付出。另外，当自己的付出已经开始影响到正常的生活、工作和情绪状态时，就应该及时止损。比如，当你发现因为追求某人而连续失眠、工作效率大幅下降，那就说明已经超出了合理的投入范围，需要停止并重新审视这段关系。

也许你爱的那个人，压根不曾存在过

爱情案例

杜成是苏依的初恋男友，多年前，两人因苏依父母的强烈反对而被迫分手。如今，苏依已经事业有成，但仍然不理解父母当初为何反对他们在一起。一直以来，她都在心里埋怨父母过度干涉自己的感情，心里始终放不下杜成，所以始终单身。

在一次商业酒会上，苏依意外与杜成重逢。杜成依旧是当年温文尔雅、清秀俊朗的模样，只是言谈举止间多了几分成熟。见到他时，苏依的内心不禁涌起一阵久违的悸动。那一刻，曾经的甜蜜记忆如潮水般涌上心头，仿佛岁月从未淡化他们之间的感情。

杜成也表现得很惊喜，他主动和苏依交换了联系方式，并在酒会后主动联系苏依，言语中透露着关心和试探："你这些年过得好吗？我总是在想，如果当初我们没有分开，是否一切都会不同？"杜成话语中的遗憾和深情让苏依心动不已。

然而，随着相处的深入，苏依渐渐发现了杜成的真面目。一次聚会中，杜成居然找她借钱，声称自己最近资金紧张。虽然所借数额不大，但他理所当然的态度让苏依感到不适，不过苏依念在过去的情分上，还是答应借给他。还有一次，杜成请苏依吃饭，却在结账时主动让苏依帮他代付，声称自己忘记带钱包了。那一刻，苏依心中的疑虑更深了。

她开始回想当年与杜成交往的细节，这才后知后觉地发现，杜成的这个缺点并不是现在才有的。曾经，他也总是为了自己方便而要求别人牺牲，遇到问题时总是把责任归咎于他人，缺乏自省意识与责任感。

在和杜成交往的过程中，苏依逐渐看到了曾经被自己忽略的种种问题。她猛然意识到，正是父母当初的坚持让她免于陷入一段糟糕的感情。母亲曾对她说："杜成不是你真正需要的那个人，他的优点很容易让你着迷，但他太自私，不能给你想要的未来。"而她，曾经傻傻地认为父母不理解自己，导致自己错失了真爱。如今，她终于明白了父母的担忧。

一次，杜成又向苏依借钱。苏依婉拒后，杜成不满地说："你是觉得我麻烦了吧？你现在是高薪阶层了，所以看不起我了，不愿意再为我们的感情付出了，是吗？"这句话彻底让苏依清醒过来。她明白，自己已经从心底里不再需要杜成了。

于是，苏依果断与杜成断了联系。她删除了他所有的联系方式，坐在窗边，望着外面的夜色，心里充满了释然。

爱的底层逻辑

苏依在与杜成相处的过程中，逐渐意识到自己对他的感情并不是建立在对他的真实了解之上，而是基于她对过去回忆的美化。杜成的性格缺陷和自私行为一直存在，只是当初她并没有看清楚，被初恋的甜蜜和浪漫所迷惑。这种现象常常发生在人们在回望过去时，人们倾向于忽略或淡化那些负面的、令他们不舒服的细节，而只聚焦于曾经的激情和美好。

问题的根本在于，人们往往容易在爱情中把对方视为自己幻想中的完美对象，而不是一个真实的人，所以情感的投入也很容易基于幻想而非实际的认知。比如，苏依在年轻时经历过一段甜蜜的恋情，之后因为种种原因分手，留下了一段未完的遗憾。当她再遇到杜成时，过去的情感和回忆再度被唤起，内心的渴望让她忽视了现实中的种种不合适。

恋爱清醒指南

爱情之所以美好，是因为它基于真实，而不是依靠美化营造出的假象。当我们把情感理想化时，就容易把对方想象成毫无瑕疵的完美伴侣，从而忽略了对方真实的样子。所以，清醒地去评估对方的行为表现，而不是仅凭自己的一厢情愿去投射期待，是构建健康感情关系的重要一步。

- **深度了解对方**

在恋爱前及恋爱过程中，要主动深入了解对方的真实性格、价值观、生活习惯等。可以通过日常交流、共同经历事情来观察。比如，和对方一起参与志愿活动，过程中观察对方如何对待他人、处理问题。避免仅因对方的外在表现就匆忙确定感情。还可以多和对方的朋友、家人交流，侧面了解对方在不同环境下的样子，全面认识对方，不被表面的甜蜜或浪漫迷惑，理性判断这段感情是否真的适合自己。

- **审视自身情感**

定期反思自己对对方的感情来源，剖析自己是因为对方真实的优点而心动，还是因自身需求将对方理想化了。当察觉到自己对某个人有特殊情感时，冷静思考是不是过往经历、内心空虚等因素在作祟。比如苏依，如果能及时反思，就会发现自己对杜成的感情掺杂了对过去的怀念。只有清楚自己情感的驱动因素，才能更理智地对待感情，避免陷入不切实际的幻想。

- **直面现实问题**

当发现感情中存在问题，比如对方有性格缺陷和自私行为时，不要逃避或忽视，要勇敢面对并与对方坦诚沟通，表达自己的感受和想法。如果问题无法解决，就要理智权衡这段感情是否值得继续。比如苏依在发现杜成的问题时，不能因过去的回忆而对它们视而不见。可以设定一个观察期，看对方是否愿意改变，如果毫无改变迹象，就要果断考虑离开，不被过去的幻想束缚，选择真正对自己有益的感情。

飞蛾扑火，是一个人的沉沦，两个人的堕落

爱情案例

夏佳从未想过自己会如此执着地追求一个人，直到遇到周景琛，她才知道什么叫无法自拔。周景琛是公司的一名高管，一次年会，他在台上发言，目光冷峻，气质与众不同，浑身散发着一种遥不可及但又让人欲罢不能的吸引力。夏佳心跳加速，觉得自己仿佛碰到了一枚火种。于是，她主动加了周

景琛的微信，并开始以工作为由频繁接近他。

起初，周景琛总是刻意和夏佳保持距离，回复她的话语简短冷淡，而且从来不和她谈论个人话题。但夏佳并不气馁，觉得他不过是缺乏激情。她开始用心去了解他的生活，频繁去他喜欢的书店，偶尔出现在他常去的酒吧，暗自期待能引起他的注意。渐渐地，周景琛对她的态度有所松动，偶尔也会关心她的生活。夏佳误以为，自己终于打动了他。

一次加班后，夏佳毫无预兆地吻了周景琛。周景琛虽然一开始很抗拒，但最后并没有推开她。就这样，他们开始了一段隐秘的关系，白天保持距离，夜晚却如火如荼。起初，夏佳沉浸在这份炽烈的感情中，以为自己终于得到了周景琛。

但是，随着时间的推移，两个人逐渐产生了矛盾。夏佳希望周景琛公开他们的关系，而周景琛却越来越拒绝与她亲近。他变得暴躁，厌倦了她。一次争吵后，周景琛竟然冷冷地说："夏佳，你让我感到窒息。"这句话如同一把利刃，深深刺痛了夏佳的心。

在片刻的沉默之后，夏佳轻声说道："我们就到这里吧。"周景琛淡淡地回答："好。"她一个人走出办公室，站在街头，任凭冰冷的雨水打在脸上。她终于明白，飞蛾扑火从来不是浪漫，而是自我毁灭的开始。这段堕落的爱情，耗尽了她所有的力气。

爱的底层逻辑

在心理学中，当个体陷入情感的旋涡时，常常会出现"认知窄化"现象，夏佳便是如此。她对周景琛的追求几乎是不计后果且盲目热烈的，她把自己的情感需求、价值判断等全部寄托在周景琛对她的态度上，忽略了自身的尊严和人格独立，一步步陷入了自我沉沦的深渊，就如同飞蛾明知火焰危险却无法抑制地扑向它，最终让自己在这段感情中遍体鳞伤。

对于周景琛而言，他最初对夏佳的冷淡态度，可能源于他自身对情感关系的某种防御心理或者工作与生活界限的划分。然而，夏佳的持续追求打破了这种平衡，使得他在情感上出现了摇摆。最终，他没有坚守自己的原则和立场，而是选择了妥协。周景琛的行为违背了健康情感关系中应有的真诚和坚定，导致自己陷入了一种混沌状态。

在这段关系中，双方都没有建立起有效的沟通机制和情感边界。夏佳的要求源于她内心安全感的缺失，而周景琛的拒绝和负面情绪则进一步加剧了她的不安，形成了一种恶性循环。这种相互的情感拉扯和负面情绪的交织，使得两人逐渐沉沦，最终使这段感情以一种冰冷而决绝的方式画上了句号。

恋爱清醒指南

爱情不应盲目冲动，而应用理性和智慧去经营。参考夏佳和周景琛的情感故事，我们能从中吸取教训，学会在爱情里保持清醒，避免陷入不健康的情感关系。

- **树立正确的自我认知和价值观念**

明确自身的价值与需求，不依赖他人定义自我。通过回顾过往经历、与内心对话等方式，了解自己在情感中的渴望和不可触碰的底线。不要将情感寄托于他人的回应，而应专注于自身的成长，发展自己的事业与爱好，建立自信。像这样以独立的姿态面对爱情，可以确保在感情中不轻易失去自我。

- **培养理性情感思维**

客观分析对方的行为，避免过度幻想和解读。同时，需要与对方建立起坦诚的沟通机制。在沟通时，要用平和的方式表达自己的感受和需求，也要认真倾听对方的想法，以减少因误解而产生的矛盾。让感情在理性和相互理解的基础上发展，而不是被肆意蔓延的情绪所左右。

● 学会止损，避免陷入情感的无底洞

飞蛾扑火式的爱情，会让人因沉没成本而深陷其中、难以自拔。可越是继续投入，内心的消耗就越严重。所以，明确自身的情感需求和底线，勇于及时止损，才是保护自己的最好办法。停止无意义的付出，可以让自己从这种消耗精力的关系里解脱出来，重新思考并确定自己在情感中的位置。

“猎物”容易获取，常被弃如敝屣

爱情案例

董倩与徐彦在朋友的聚会上相识，那天两个人都喝了点儿酒，在天台聊了很多。

第二天，徐彦约董倩出来吃饭，席间向董倩表达了爱意。董倩对徐彦同样是一见钟情，便答应了他的追求。晚上，徐彦送董倩回家，途中试探着问：“能不能先别回去，我们找个安静的地方待一会儿？”董倩心里涌起一股久违的心动，点头同意了。随后，她和徐彦走进了一家酒店。在董倩看来，这并非轻浮之举，而是遵从了自己的心意，毕竟徐彦给她的感觉是温柔且认真的。

不过，事情并未如董倩所预想的那样发展。在接下来的一周，徐彦既没有任何浪漫的举动，也不曾主动联系董倩。后来，还是董倩提出请徐彦吃饭，两人才得以再次见面。可是在饭桌上，徐彦态度冷淡，饭还没有吃完，他就借口有事匆匆离开了。董倩心里很失落，可仍对徐彦抱有幻想，所以总是主动联系徐彦。然而，徐彦对她的态度没有丝毫转变，聊天时字里行间充满了敷衍，对于董倩约会的邀请，也总是找借口推托。

几天后，董倩终于忍不住问徐彦：“你是不是对我有什么不满？”徐彦听后，表情变得很不耐烦，用嘲讽的语气说道：“董倩，你的确很漂亮，也很有

趣。但是刚认识两天，你就能跟我上床，这样的女人，我怎么可能认真？”

这句话犹如一盆冰水浇在董倩头上。她愣在原地，满心都是羞辱与愤怒，可更多的是一种深深的无力感。直到此时，她才如梦初醒，徐彦根本不是她之前想象中那个温柔体贴的人。实际上，徐彦就像一个“猎手”，专挑容易得手的“猎物”下手，一旦占有就迅速抛弃，而自己不过是他在这场游戏里的一件“战利品”罢了 。

董倩独自回到家，关上门的一瞬间，她忍不住落下了眼泪。

爱的底层逻辑

在情感关系里，有些人会把那些轻易就能到手的对象当成“猎物”，这种心态往往体现出双方地位的极度不对等。一个人快速投入感情，主动靠近对方，这原本是一段关系自然发展的过程。然而在某些人眼里，却成了他们不珍惜对方的理由。究其根源，是人们对轻易得到的东西，通常很难感知到其价值。这种心态在那些把感情当作游戏的人身上尤为常见，他们把占有对方的过程当作一种享受，根本不会付出真心。

这种心理反映出这类人对待感情的功利态度。在一段感情中，他们在意的并非对方的独特之处，也不是情感的深度，而是能否快速满足自身需求、满足征服欲。一旦达成目的，他们就会对这段关系丧失兴趣，甚至毫不犹豫地选择放弃。这种行为模式不仅伤害了别人，也暴露了他们内心的空虚和情感上的不成熟。

恋爱清醒指南

在感情中，人们总是容易被一时的激情所吸引，而忽略了关系发展的节奏与质量。真正健康的爱情，是在相互了解的过程中渐渐靠近，在彼此了解的基础上慢慢升温。

- **把握关系的节奏，拒绝轻易投入**

真正的感情需要时间的沉淀。我们要学会在关系中保持自我，不被一时的心动扰乱节奏，也要学会给彼此空间去认识和理解，这样才能够让感情发展得更自然，同时避免因急于靠近而让对方产生掌控感。用理性的心态衡量每一步的付出，才能为关系打下健康的基础。

- **识别对方的真实意图，远离情感游戏者**

情感游戏者常常用短期的热情来掩盖真实的意图。他们在意的并非你这个人，而是追求你的过程。判断一个人对感情是否真诚，可以观察在情感投入上，对方是否跟你保持一致，以及是否尊重你的选择和节奏。

- **建立内在价值感，用平等的心态对待关系**

在一段感情中，个人的价值感决定了关系的质量。要认识到自己的独特性与内在魅力，避免为了迎合对方而失去自我。只有当你以平等的姿态进入情感关系，双方才能在相互欣赏与尊重中建立真正长久的联系。

恋上冷漠者，爱情成了单一的狙击

爱情案例

陆言是阮静的同事。他为人冷静、理性，做决策迅速果断，说话简明扼要，眼神专注却毫无温度。阮静被他身上的这种距离感所吸引，觉得或许他只是还没有遇到能打动他的人。

阮静暗自下定决心，自己要成为那个例外。于是，她开始主动接近陆言，经常找借口向他请教工作上的问题。可陆言每次都只是简短作答，礼貌中透着疏远，从不主动开启更多话题。阮静心想，他可能只是不擅长表达情感，便更加卖力地接近他，一门心思要打破他的冷漠。

阮静留意到陆言爱喝无糖拿铁，从此每天都为他买一杯。偶尔，她还会提及陆言感兴趣的书籍，盼着能和他产生共鸣。然而，她的每一次付出，得到的都是陆言的冷淡回应：她递上咖啡时，陆言只是微微点头接过，除了说声“谢谢”，再不多言；她说起他感兴趣的话题，他的回答也总是冷淡又简短，让阮静根本不知道该怎么把话题继续下去。

但是阮静仍不愿放弃。陆言的生日快到了，她悄悄准备了礼物；陆言生病时，她第一时间把药送到他家。阮静坚信，自己的付出最终会得到陆言的回应。直到有一回，陆言在工作中说了一句：“阮静，你一直都很细心，挺让人佩服的。”这话让阮静欣喜万分，她觉得陆言对自己也开始有了不一样的感觉。

可是，这份美好的幻想很快就被现实打破了。一次部门聚会上，陆言突然宣布自己即将离职。阮静一下子愣住了，好不容易才平复内心的波澜，装作闲聊的样子问道：“你怎么突然要走啊？我……我们大家都挺舍不得你的。”陆言跟往常一样，情绪没有丝毫起伏，说道：“这只是职业规划，大家都很出色，我会记住和你们共事的日子。”

陆言的轻描淡写，让阮静心里特别失落。聚会结束后，她鼓起勇气，找了一个机会追问陆言：“你会记得我吗？”陆言微微皱了下眉，语气依旧平静：“阮静，你是一个很不错的同事，不过我觉得，我们之间不该有超出同事关系的其他东西。”他声音平淡，却像给阮静划了一条清清楚楚的界限。阮静回想起这段时间自己的付出，还有对爱情的美好憧憬，心里痛苦极了，可一句话也说不出来。

爱的底层逻辑

迷恋冷漠型人格的人，就如同在进行一场单人狙击战。尽管陷入迷恋的人一次次地尝试，可是射出的每一颗“子弹”都无法突破对方的防线，最后让自己在这个过程中疲惫不堪。这种迷恋背后的根源，是人们天生就对疏离感和神秘感充满好奇与向往。陆言的冷静和疏离，就像一把钥匙，打开了阮静内心深处的挑战欲和想要拯救对方的心理阀门，让她坚信，只要自己付出足够多的努力，就能成为那个让陆言改变的例外。

但实际上，阮静对陆言的这种情感，并非真正的爱情，而是一种投射式的幻想。她对陆言的付出，并不是出于陆言的实际需要，而是她自己渴望达成“点燃冷漠”这一成就。冷漠型人格的人，就像一个情感的真空地带，只会吸收外界给予的热情，却从不给出回应。所以阮静一味地单方面努力，不但没有拉近彼此的距离，反而让这段关系变得更加失衡。

更关键的是，冷漠本身就是一种情感信号，它不是因为不会表达，而是在清楚地表明两人之间应有的距离和界限。可惜阮静没能读懂这个信号，没有意识到陆言的冷漠是在划清界限，反而一次又一次地试图突破，不断增加付出，想要填补两人之间情感的空白。然而，一段健康的情感关系，其基础是双方都有回应。在陆言始终没有给予回应的情况下，阮静的付出就成了毫无意义的自我消耗。

恋爱清醒指南

在感情里遭遇对方的冷漠，常常会让人感到困惑和受挫。陷入感情的人，可能会试图加大付出力度，以打破这种僵持的局面，可这种单方面的努力，只会让自己愈发疲惫。

- **理解冷漠的真实含义**

冷漠不是因为对方不擅长表达，而是表明其对这段感情缺乏兴趣，或者没有情感需求。要学会识别这种信号，不要把对方刻意保持的距离感，错当成是需要我们投入更多时间和精力去攻克的难关。一段健康的感情关系，需要双方都有情感的交流与互动，而不是只靠一方拼命突破、一味坚持。只有仔细观察对方的实际行为，才能更准确地判断这段感情是否值得继续投入。

- **反思自身的情感投射**

迷恋冷漠型人格的人，内心深处往往有着对他人认可的强烈渴望，同时也希望通过让对方改变来获得成就感。这时不妨问问自己："到底是对方身上实实在在的特质吸引了我，还是'成为那个能让对方改变的例外'这种幻想在驱使我不断行动？"在感情中，幻想很容易放大对方的优点，让人忽视对方真实的样子。只有通过理性的审视，才能慢慢摆脱在情感中过度投射的倾向，让自己从不切实际的幻想中走出来，避免在感情里一厢情愿地付出。

醒醒吧，委曲求全只会让对方更嚣张

爱情案例

余欢觉得张铭就是自己理想的另一半。张铭温柔体贴又幽默风趣，第一次约会时，他递了张纸巾给余欢，还关心地问她冷不冷，这让余欢觉得张铭是一个很细心的人，于是决定全心全意对他好，经营好这段感情。

为了迎合张铭，余欢改变了自己的生活习惯。张铭喜欢晚上聊天，她就改掉早睡的习惯，陪他熬夜；张铭爱吃西餐，厨艺不佳的她就苦心钻研菜谱，还购买了不少烹饪工具；张铭工作压力大，她就帮他做方案，甚至因此耽误了自己的工作进度。张铭对她也一如既往地温柔体贴，但从不主动付出什么，也不会为她改变什么。余欢并不是没有意识到这一点，但她告诉自己："感情里不应该计较太多。"

但是慢慢地，张铭对余欢的态度变得若即若离，忽冷忽热。有一次，张铭以工作上有应酬为由临时取消了约会，而他发来消息时，余欢已经在餐厅等了一个小时。晚上，张铭发消息给余欢道歉，说下次补偿她，余欢马上就不委屈了，还回复说："没关系，工作重要，我理解你。"她觉得自己多体谅张铭，感情就能更稳定。

张铭有一个习惯让余欢不太舒服，那就是他们在一起的时候，他的手机从不给余欢看。余欢之所以会对此感到介意，是因为朋友告诉她，说在张铭的朋友圈看过他跟一个女孩的合照，两个人看起来挺亲密的，还把合照发给了余欢。可是，余欢虽然心里非常难受，但并不敢询问张铭。

后来有一天，余欢买了张铭喜欢的甜点去他公司，想给他一个惊喜，结果在大堂看到他和一个没见过的女孩手挽着手，有说有笑地走出来。张铭看到她愣了一下，然后笑着打招呼，让女孩先走。余欢把甜点给了他，什么话也没说就走了。回家后，余欢质问张铭，张铭却说她太敏感："我跟她就像兄妹一样，兄妹之间说笑、挽手不是很正常吗？你不要整天疑神疑鬼的好不好？"余欢看张铭有点儿不高兴了，赶紧说："我就是随便问问，你不要多想。"

可是，这件事到底成了余欢心里的一根刺。几天后，她把这件事告诉给朋友："真的是我太敏感了吗？"朋友提醒她："就算是亲兄妹，成年后也知道要避嫌。"朋友还帮余欢复盘了这场恋情，最后问余欢："你不觉得从来都是你在迁就他，而他什么也不付出吗？"余欢被点醒了，第一次问自己："我付出这么多，他到底在不在意？"答案是令人心痛的沉默。

爱的底层逻辑

恋爱脑的人常常有这样的错觉：只要自己足够包容，付出得足够多，对方就会珍惜自己，珍惜这段感情。但实际上，如果一方总是用隐忍和牺牲换取另一方的关注和珍惜，那么这段感情就会失衡。

要知道，委曲求全不但不能打动对方，反而会让对方更加放肆。因为没有底线地隐忍、退让和包容，会让对方觉得无论做什么都不会有后果。比如案例中张铭这样的人，余欢越退让，他就越得寸进尺，甚至肆无忌惮地同时和多个对象交往，因为他知道自己不会有任何损失。在这种失衡的关系里，付出的一方终会被感情拖垮，身心疲惫。

委曲求全还说明个体对感情价值的理解有偏差。总是妥协的人往往把爱情当成单方面的依靠，而非彼此平等的关系。所以，他们不敢与对方起冲突，还把这种害怕当成“珍惜”，结果在不停否定自己的过程中迷失自我。

恋爱清醒指南

在感情中委曲求全，往往是因为过于依赖他人的态度来定义自己的价值。一旦意识到自己在感情中陷入了这样的模式，就要从心理和行动上找到突破口，逐步改变自己的思维习惯，让感情回归健康、平衡的状态。

- **运用“自我情感储蓄法”，保护情感能量**

把自己的情感能量想象成一笔“储蓄”，每当想为对方付出时，不妨先问问自己：“我是否能从这段关系中得到同样的快乐或满足感？”如果答案是否定的，那就不要轻易透支这笔情感储蓄。比如，减少不必要的迎合行为，不要总是主动安排见面或为对方解决问题，而是让对方主动参与到关系的维护中来。逐步积累这种理性的情感储蓄，能帮助你建立更清晰的感情边界。

- **借助“具体事件反思法”，找到感情的失衡点**

列出过去三次让你感到委屈或失落的具体事件，并逐一回想对方的反应，询问自己：“对方是否重视我的情绪？”“对方是否给予我适当的回应？”“如果对方换成我，我会怎么做？”通过对具体事件的回顾和反思，你可以清晰地找出关系中的失衡点，也能意识到自己是否在无形中为这段感情承担了过多的责任。这种反思能帮助你直面问题，拨开自我欺骗的迷雾。

- **保持独立和自信，不让对方成为唯一的依靠**

避免把自己的情感完全寄托在对方身上，尤其是当对方的行为模糊不清时。保持自己的独立性和生活的多样性，不让爱情成为生活的唯一中心。只有在情感上不依赖对方时，你才能更理智地看清这段关系是否值得继续，也能避免在感情上做出过度妥协。

真正爱一个人时，不要把他当成“神”来爱

爱情案例

刘延和叶如初既是上下级，也是情侣。叶如初第一次见到刘延时，就深深迷上了他。在她心里，刘延是那样高不可攀，他成熟、冷静又睿智，不管遇到什么难题，都能处理妥当。每次刘延语气轻松地发出指令，叶如初都会毫不犹豫地去执行，一心想让他感受到自己对他的崇敬和仰慕。

刚开始交往时，刘延对叶如初的态度还算温和。他不主动提要求，可叶如初总是不自觉地围着他转，时刻为他考虑。刘延但凡有一点儿需求，她都会立刻去满足。为了在刘延面前展现出最好的一面，叶如初不惜耗费许多时间和精力，也变得越来越依赖他的认可。她觉得只有这样，才能赢得刘延更

多的关注和肯定。

然而，时间久了，刘延变得越发高高在上，有意无意地拉大了他和叶如初之间的距离。他不再对叶如初的付出表示感激，反而觉得这一切都是理所当然的。叶如初为了维持两人的关系，只能拼命迎合刘延的需求，甚至忽略了自己的生活和梦想。她为刘延付出太多，几乎忘记了自己原本的样子。

刘延似乎并不珍惜叶如初的深情，说话越来越尖酸，有时候还带着轻蔑。“你不过是一个小女人，做什么都无关紧要。”刘延的话像刀子一样，刺痛了叶如初的心。可她还是选择忍气吞声，觉得这是爱情里难免的，只要自己再多付出一些，就能换来刘延的认可和温柔对待。

直到有一天，叶如初终于醒悟过来。那天，刘延又在众多同事面前，毫不留情地羞辱了她。她猛然意识到，自己早就失去了自我，活着就是为了刘延，却从来没有得到过应有的尊重和回报。

叶如初痛下决心，结束了这段关系。她开始重新审视自己的生活，不再把自己的全部都寄托在男人身上，而是努力去追寻自己的梦想，找寻自身的价值。她学会了疼爱自己，也放下了曾经奉为“神”的那个男人。

多年后，叶如初在朋友的聚会上意外碰到了刘延。他面容憔悴，往日的神采早已消失不见。现在的他，好像什么都没了，眼里满是疲惫和迷茫。

“如初……”刘延轻声喊着她的名字，眼里似乎流露出一丝懊悔。但叶如初只是淡淡地笑了笑，眼神清澈而坚定。“刘延，我现在过得很好。”说完，她没给刘延任何机会，转身就走了。

爱的底层逻辑

爱情，本应是两颗心灵自然而然地互相靠近，在平等的交流与互动中绽放温暖。然而，一旦爱被“神化”，感情便失去了平等的根基。把爱人视作“神”，意味着将对方置于高高在上的位置，却让自己卑微到尘埃里。这种相处模式背离了爱的本质，使情感沦为单方面的追逐和不切实际的幻想。

“神化”对方，常常源于个体对自身价值的不确定。内心迷茫时，人们往往试图通过追逐一个理想化的形象来填补内心的空白，于是无限放大对方的才华或魅力。但这种情感并非基于对真实个体的理解，更多是一种心理投射，爱的并非对方本身，而是自己臆想的“完美”恋人。

恋爱清醒指南

爱情刚开始的时候，往往伴随着一种理想化的光环，容易将对方视为完美无缺的人。然而，真正长久的感情需要剥去幻想的外衣，接受对方真实的模样，进而在真实的互动中找到平等的支点。

- **接受爱人的普通**

爱一个人，首先要接受对方是一个普通人，而非完美无缺的“神”。过于理想化的期待只会让关系变得脆弱，因为没有人能长期扮演“完美”的角色。关注对方的优点与不足，理解对方的真实需求，而非沉迷于自己的幻想，才能让感情回归真实。

- **将爱从“仰望”转向“平视”**

健康的爱情是双方的互相给予，而非单方面的付出和牺牲。学会审视自己的情感投入与对方的回应，避免将自己置于卑微的位置；通过寻找自己的价值，培养独立生活和思考的能力，可以让你在关系中更加自信和从容。

- **用爱人激励自我成长，而非丧失自我**

健康的爱不但不会让人迷失自我，反而能为彼此带来成长的动力。通过欣赏对方的特质，可以找到激励自己进步的动力，让感情成为促进个人发展的契机。丰富自己的内在世界，不仅能让你在感情中占据更稳固的位置，也能让你和爱人一起体验共同成长的乐趣，而不是让爱沦为单方面的追逐与牺牲。

甜蜜陷阱很上头，如何跳出爱情刺客的圈套

爱情常常披着甜美的外衣，令人难以抗拒。但在这份甜美背后，可能隐藏着危险的陷阱。那些看似关怀的话语、温柔的眼神，有可能只是精心设计的伪装，目的是引诱你一步步陷入对方的控制之中。想要识别这些情感陷阱，首先要有清晰的自我认识，学会在迷雾中看清真相。

越是不断说爱你的人，越要当心

爱情案例

初见时，陈骁对林瑶一见钟情，直接表白：“我从来没有遇到过像你这么特别的人。”他的大胆和热烈，让林瑶心动了。在接下来的日子里，陈骁每天都会发消息给林瑶：“宝贝，我好想你。”“我真的很爱你。”他用甜言蜜语迅速攻陷了林瑶的心，让她沉浸在一种被深爱的幻觉之中。

但是很快，这份爱就让林瑶感到窒息。她出门和朋友吃饭，陈骁会马上发来质问的消息：“你和谁在一起？为什么不提前告诉我？你是不是不在乎我？”她晚回了几分钟，陈骁就会打电话过来：“怎么这么久不回消息？你是不是不爱我了？”每次林瑶稍一反驳，陈骁都会用更热烈的告白堵住她的嘴：“我是真的太爱你了，才会忍不住想管你。”

林瑶宽慰自己，觉得这是爱的表现。可渐渐地，她发现陈骁的“爱”开始侵占她的生活。他要求她每天和他视频通话、汇报行程，不允许她穿任何稍显身材的衣服，甚至连她和闺蜜聚会都要得到他的批准，否则他就会用低沉的语气控诉：“你明明知道我这么爱你，为什么还让我不安心？”

林瑶想过反抗，可每次看到陈骁那张委屈的脸，她就心软了。他总是能用“爱”的名义掩盖自己的行为：“我这么爱你，你为什么不能多为我考虑？”慢慢地，林瑶开始害怕做出任何让陈骁不满的事情。她的生活圈被压缩得越来越小，身边的朋友一个个远去，陈骁成了她世界里的唯一。

爱的底层逻辑

过于频繁和浓烈的“我爱你”有时不仅是感情的表达，它背后隐匿的，是一种潜在的情感操控。施爱者用甜美的话语和深情的眼神“攻陷”对方，看似在关系中无私地付出，但其实背后是深深的不安和强烈的控制欲。

施爱者通过过度的关心和无微不至的照顾，迅速拉近彼此的距离，然而在关怀的表象之下，隐藏着对对方行为和情绪的掌控欲。他们将感情和对方的生活紧紧捆绑在一起，试图使对方失去独立性。被爱的那一方往往会在甜言蜜语中感到愧疚，认为自己理应回报这份“爱”，甚至不敢设立任何边界。

更隐蔽的是，这种操控会使受害者逐渐陷入孤立状态。施爱者常以“你是我生命中的全部”这类理由，切断对方与外界的联系，让对方的生活越来越以自己为中心，一步步侵蚀对方的自由。

恋爱清醒指南

爱是自由的基石，而不是控制的枷锁。健康的感情应该让人感到被尊重和支持，而非被压抑和束缚。当“爱”变成了过度的干涉和掌控，我们便需要重新审视这段关系的本质。唯有在尊重与信任中建立起来的感情，才能让彼此找到真正的幸福。

- **坚守个人边界，学会说“不”**

在一段关系里，清晰的个人边界很重要，它不仅体现了一个人的独立性，更是维持健康情感关系的基础。一旦对方从表达情感，变成干涉你的日常生活，这时坚守底线就格外关键。要学会果断拒绝那些让你感到不舒服的要求，不能因为顾及对方口中所谓的“爱”就放弃自由，这样才不会在感情里失去自我。

- **通过行动验证感情的真实性**

爱不能仅仅停留在语言层面，而应通过实际行动展现尊重与支持。判断一段感情是否健康，可以观察对方是否在关键时刻站在你的角度，尊重你的选择和需求。

甜蜜来得太快，小心眩晕后的狼藉

爱情案例

陈汐和季修在一个交友平台相识，他们聊了很长一段时间，都觉得遇到了灵魂伴侣，于是决定线下见面。现实中的季修比照片里还要英俊，说话也很得体，浑身散发着让人安心的温柔气质。见面时，季修准备了一份小礼物，是一支陈汐提过想试试的香水，而且吃饭时，他点的全是陈汐爱吃的菜。这让陈汐彻底沉浸在幸福之中，觉得季修就是命运赐予自己的“完美恋人”。

见过几次面后，季修对陈汐的态度更加热烈了。他会在深夜发语音说：“想你想得睡不着。”还频繁在陈汐的朋友圈留言，甚至在她工作的时候突然出现，带着她喜欢的咖啡和甜点。这样的甜蜜攻势，让陈汐既惊喜又有点儿不知所措。

慢慢地，季修开始要求陈汐拿出更多的时间陪他。他说：“我见不到你就觉得很失落。”陈汐感觉压力有点儿大，但又没法拒绝季修的热情，只好把更多时间和精力花在季修身上，因此和很多朋友都渐渐疏远了。后来，季修提出要看她的手机，陈汐因为害怕破坏两人的关系，再一次选择了妥协。她对自己说，季修只是太在乎她了。

然而，陈汐一次又一次的让步，换来的却是季修更加过分的行为。季修开始要求陈汐随时汇报行踪、身边都有些什么人，还会因为她没有及时回信息就和她冷战。有一回，陈汐和同事加班后一起去吃饭，忘了提前告诉季修，结果季修直接跑到餐厅，质问她为什么“隐瞒”。

陈汐开始觉得疲惫不堪，但又不忍心去怀疑季修。曾经那些甜蜜的回忆，现在却变成了一种无形的束缚。每次她想冷静下来的时候，就会想起季修曾经为她做过的种种事情。她不停地安慰自己：“也许这只是他太爱我的表现。”

直到有一天，陈汐发现季修的热情并非只针对她一人。在季修的社交账号上，同样深情的留言和甜言蜜语，出现在另一个女生的动态下面。就在那一刻，陈汐突然感觉眼前的甜蜜假象开始破灭，只剩下一片狼藉。

爱的底层逻辑

快速而热烈的情感，常常让人不自觉地沉浸其中。案例中的季修深谙这个道理，他通过短时间内的高度关注和密集付出，轻易给陈汐营造出一种彼此心意相通的错觉，使陈汐误以为这就是命中注定的完美爱情。然而，这种突如其来的甜蜜，实质上是一种感官与心理的错觉，并未触及爱情的本质。

快速发展的感情往往缺乏坚实的情感基础。一个人通过持续的投入和频繁的甜言蜜语，把自己包装成“理想伴侣”，而另一方则在这种不断渗透的热情中失去了判断力。

问题的核心在于，这种情感并未经过时间的沉淀和现实的考验，彼此间的联系更多依赖于瞬间的愉悦和情绪的冲动，而非建立在深厚的信任和深入的了解之上。

恋爱清醒指南

快速升温的感情，犹如炫目的烟花，绽放过后往往只留下漫天残灰。在感情的世界里，那些过于急促、热烈的爱情攻势，虽然看似迷人，却缺乏深度。真正值得投入的感情，不是以速度取胜，而是稳扎稳打，以深度和真实建立起彼此的联系。

- **警惕速成情感，关注关系的可持续性**

面对过于密集的关注和甜言蜜语，不妨冷静观察对方是否在行动中展现出一致性，以及彼此能否在相处中实现尊重与平等。只有那些能经得起时间检验的感情，才值得全心投入。

- **把握情感节奏，守住自我的边界**

甜言蜜语容易让人模糊自我边界，从而失去对关系的主导权。案例中的陈汐就是如此，因为初期的浪漫而忽视了界限的重要性。健康的爱情始于彼此间清晰的界限与对个人空间的尊重，学会在甜蜜中保护自己的独立性，拒绝不合理的要求，能够有效避免关系的失衡。

- **检视情感中的真实意图，保持理性思考**

甜蜜而热烈的爱情攻势背后，也可能隐藏着不健康的动机。通过观察对方是否尊重你的情感需求，是否在细节中体现出真实的用心、而不是单纯地追求情感控制，可以更好地认知关系的健康状态。只有真正自由平等的爱，才能为幸福提供坚实的保障。

对方是不想结婚，还是不想和你结婚

爱情案例

韩彻结婚了。李婉在看到韩彻婚礼照片的那一刻，内心仿佛遭受了重重的一击——此时，距离他们分手还不到半年。直到现在，她才意识到，韩彻过去对婚姻的拖延和逃避，并不是因为他对婚姻有多抗拒。

回想起和韩彻在一起的三年，李婉一度以为他们的未来是确定的。韩彻对她的好无可挑剔：他会在她工作疲惫时给她带来喜欢的甜点，会记得她妈妈的生日并送上贴心的礼物，也会在每次旅行时为她拍下美好的瞬间。他的温柔体贴让李婉坚定地相信，他会是那个和自己走入婚姻的人。

然而，每次一谈到结婚，韩彻总是轻轻一笑，说："现在还不着急，等我们条件更好点儿，生活更稳定了，再考虑也不迟。"起初，李婉以为韩彻这样说是出于责任心，真心想为两人的未来做更周全的准备。但随着时间的推移，事实证明韩彻的这套说辞不过是个借口。韩彻换了新工作，事业逐步走上正轨后，依旧没有要提结婚的意思。他对待婚姻的态度，一直模糊不清，总是有意回避。

李婉尝试过沟通。一次，她直接问韩彻："你是不是根本不想结婚？"韩彻沉默了一会儿，才说："不是……但是我觉得我们这样也挺好的，为什么非要被婚姻所束缚呢？"李婉不知道该怎么回答，只是感到心底的失落和困惑越来越深。韩彻的那句"我们这样也挺好"，对她来说是甜蜜的折磨，因为它既不像拒绝，也绝不是承诺。

分手是李婉主动提的，韩彻没有挽留，非常平静地接受了。她非常痛苦，却只能告诉自己，也许韩彻害怕婚姻，也许他需要更多的时间去成长，可是自己等不了了。然而，朋友圈的那张婚纱照粉碎了李婉的所有幻想。照片中的新娘是她从未见过的女孩，而照片中韩彻的眼神，饱含着她从未见过的安心与笃定。

李婉开始回想那些他们一起度过的时光，突然明白韩彻对她的好并不是她自以为的深情，而更像是一种习惯性的周全。韩彻对婚姻的逃避，并不是因为他对婚姻心存抵触或恐惧，而是因为自己不是那个他愿意为之迈出这一步的人。他没有明确说过"不想和你结婚"，却早已用行动告知了答案。这一刻，她释然了，因为她知道，与其沉溺在"为什么不是我"的悲伤中，不如开始面对“我值得被坚定选择”的未来。

爱的底层逻辑

个体在恋爱中往往会基于自己的期望和情感需求，对伴侣的行为进行选择性的感知和解读。李婉就是如此，她将韩彻视为自己生活的中心，过度依赖韩彻给予的情感反馈。这种迷恋使她产生了认知偏差，仅仅依据韩彻表面的关怀行为，就单方面认定他们必然会走向婚姻，忽略了韩彻对待婚姻问题的实际态度。

在人际关系中，人们都会在潜意识里进行成本与效益的权衡。韩彻在与李婉恋爱的过程中，虽然付出了一定的情感关怀，但这些付出对他来说可能成本相对较低，而婚姻则代表着更高的成本投入，包括经济责任、情感深度绑定以及社会关系的进一步融合等。面对婚姻问题时，韩彻的拖延和回避表明，他可能认为和李婉结婚所带来的预期收益，如情感满足、生活支持、个人发展等，并不能达到他的预期，或者他认为可能存在其他更优的选择。所以，从这个角度来看，韩彻不是不想结婚，而是不想和李婉结婚。

从另一个角度来看，在这段关系中，韩彻拥有更多的权力优势，李婉则处于被动接受的地位。当韩彻对婚姻表现出暧昧态度时，李婉除了等待和询问，几乎没有其他有效的应对方式，这进一步加剧了韩彻对这段关系的轻视。因为在这种情况下，韩彻已经享受到了权力优势带来的舒适感，并不需要通过婚姻来进一步稳定关系。

恋爱清醒指南

婚姻并非一段感情的必然归宿，它需要双方都有明确的结婚意愿，并且对未来有共同的期待。然而在感情里，对方的态度有时会让人捉摸不透：嘴上说喜欢你，可一直对结婚只字不提；平日里对你关怀备至，可每次一谈到未来，就顾左右而言他。想要辨别这种模糊态度背后的真实想法，关键在于判断对方的行为、言语和规划是否一致，不能被表面的温柔所迷惑。

- **观察对方是否主动将你纳入未来规划**

真正想要和你结婚的人，会自然而然地将你融入自己的未来蓝图中。你可以观察他是否提到过具体的规划，比如共同存钱买房、谈论未来的生活方式，甚至协调双方家庭的互动。如果你在这些计划中从来看不到关于自己的明确安排，或者对方只是泛泛而谈，而没有具体行动，那就意味着对方或许并没有把你当成那个要携手走过一生的人。

- **坦诚沟通，明确对婚姻的期望与规划**

一段感情能否走向婚姻，取决于双方能否在期待上达成一致。你可以在适当的时机直面这一问题，与对方讨论对婚姻的态度和时间规划，比如："你对我们的未来是怎么想的？有没有考虑过结婚？"通过对方的回答，确认对方的真实意愿。如果对方含糊其词，回避沟通，甚至转而责怪你"过于着急"，那也许他对和你结婚的兴趣并不深。

那些以结婚为名图财的人，往往有迹可循

爱情案例

秦蕴是一名事业有成的创业者，她第一次见到徐晨，是在朋友的婚礼上。他衣着得体，谈吐优雅，举手投足间透着一股从容不迫的自信。更吸引她的，是他无意中提到自己创业的经历，以及将来对家庭生活的憧憬。

徐晨对秦蕴也很热情，他主动和秦蕴交换联系方式，追求秦蕴的方式温

柔但坚定。他从不刻意展现自己的“优秀”，而是以细致入微的关心赢得她的信任。他记得她喜欢的每一本书，甚至在她生日那天送上了一本限量签名版；他对她的家人嘘寒问暖，让她的父母对他赞不绝口。在这样的温情攻势下，秦蕴迅速沦陷。她觉得，自己或许终于遇到了那个值得托付一生的人。

交往半年后，徐晨提出了结婚。他说得情真意切：“两个人在一起，不就是为了更好的未来吗？”他甚至主动提出签婚前财产协议，表示自己不想让秦蕴担心任何经济问题。这一提议让秦蕴确定自己爱对了人。她没有多想，主动提议将婚房写在两人名下。

婚后，徐晨开始表现出与之前截然不同的模样。他以“创业周转”为由，请求秦蕴将她的存款借给他。起初，秦蕴没有怀疑，她觉得这是身为妻子该有的支持。然而，随着金额一次次增加，徐晨对秦蕴的态度却渐渐冷淡。当秦蕴无意中问起创业的进展时，他还会显露出些许的不耐烦。

某一天，秦蕴突然发现，徐晨的手机中藏着与一名陌生女子的暧昧聊天记录，而那些记录里，还提到了她的存款。那一刻，她仿佛从一个编织得天衣无缝的梦中惊醒。曾经的温柔和关怀，竟像一场精心设计的骗局。

秦蕴开始重新审视自己和徐晨的关系，包括从相识到结婚的每一个细节。那些她曾视为“真爱”的行为，回想起来却充满了疑点：徐晨从未提过自己的家人；他对婚前财产的“主动提议”显得过于刻意；他每次谈到事业时总是避重就轻，更多时候是在巧妙地引导她提供帮助。想到这些，秦蕴如梦初醒，果断结束了这段令她伤心的婚姻。

爱的底层逻辑

那些以结婚为幌子谋取钱财的人，并不会直白地向对方索要财物，而是巧妙地披上情感的外衣，精心策划一场价值交换“骗局”。他们很擅长将自己伪装成温柔体贴、真心实意的伴侣，用细腻的关怀和经过精心设计的细节，一步步拉近与对方的距离，慢慢消除对方的戒心。一旦赢得了对方的信任，他们便会悄然将原本基于情感的婚姻，转变成获取个人利益的工具。

这种伎俩能够成功的关键，在于对对方心理的精准把握。他们深知在婚姻中，情感和信任是最佳的突破口，于是通过细腻的关怀和适度的退让塑造可靠的形象，从而引导对方投入更多的资源。在婚姻中，他们的目标从不是满足伴侣的情感需求，而是对伴侣可控资源的最大化利用。

图财的婚姻，从一开始就存在着严重的不对等。在这种关系里，一方付出真心，另一方却冷漠地计算利益。这种不对等被情感的表象所掩盖，使得人们常常在不知不觉中越陷越深。直到出现明显的破绽，受害者才惊觉，自己所投身的并非一段甜蜜美好的感情，而是一场精心策划的骗局。

恋爱清醒指南

当爱情和利益相互交织，温柔与关怀很可能沦为精心设计的伪装。心怀不轨之人善于利用人们在感情里盲目的心理，凭借关怀备至与体贴入微的假象，骗取他人的信任。唯有对那些潜藏的细节保持警惕，才能够避免在感情中迷失自我，进而守护好自己的情感与财产，使其免受伤害。

- **警惕过于完美的追求方式，关注细节中的漏洞**

徐晨从不主动说起自己的家人，面对婚前财产协议时还表现得异常“理智”，这些细节其实早就透露出他的真实想法。一段健康的感情，是能够禁得起时间和细节的检验的，而不是靠精心设计的“完美”来掩盖事实。在恋爱初期，就要学会观察对方的言行是否一致，特别是对于那些过于主动、过度迎合的举动，更要提高警惕，这样才能不被表面现象所迷惑。

- **保持财务独立，避免无条件的经济投入**

徐晨的手段是逐步侵占秦蕴的财产，通过“创业周转”一步步让她成为自己的“摇钱树”。如果秦蕴能够更早意识到婚姻中的财务独立是双方互相尊重的基础，那么或许她可以避免被消耗。设立财务界限并明确双方的经济责任，不仅是自我保护的必要措施，也是判断关系是否平等的重要方式。

脚踏几条船的人，一眼就可以看穿

爱情案例

梁冉第一次见到秦赫的时候，就被他的温柔与体贴深深吸引了。在梁冉看来，秦赫就是自己理想中的完美伴侣。可是两人交往之后，梁冉慢慢察觉到，在这份看似美好的“体贴”背后，似乎藏着许多让人不安的秘密。

秦赫总是很忙。他们约会时，他的电话时常响起，接完电话后，他就会以各种理由退场，不是“朋友需要我帮忙”，就是“公司有急事要处理”，或者“家里出了点儿小状况”。虽然他每次向梁冉表达歉意的时候，态度都十分诚恳，可是次数多了，梁冉还是难免心生疑虑。但为了不影响两人的关系，她选择把疑虑藏在心里，然后安慰自己：“可能是因为秦赫人缘好，又有责任感，所以大家有事都愿意找他。”

直到有一次，梁冉偶然在社交媒体上发现，秦赫声称“加班”的那个晚上，其实是在和另一个女人共进晚餐。那一刻，她觉得心里像被什么东西狠狠地刺了一下，难受极了。可是，到底要不要当面质问秦赫？看着秦赫那温柔的眼神，她犹豫了。

然而，类似的情况接二连三地出现，秦赫的生活好像总是被数不清的“重要的人”和“紧急的事”塞得满满当当的。有一次，梁冉鼓起勇气，试探性地问秦赫：“你是不是对很多人都像对我这么好呀？”秦赫听了，笑道：“人嘛，总归是要多关心关心身边的人啊。”他的话和说话的语气都让人挑不出毛病，可梁冉心中的不安更深了。

又有一次，她无意间看到了秦赫手机上的一条消息弹窗，对方的语气极为亲密。直觉告诉她，发消息的是一个女人，而且和秦赫的关系不一般。于是，她打开秦赫的手机，翻看了他的聊天记录。看完之后，梁冉沉默了，因为她不仅猜对了，而且还有意外发现，那就是秦赫和好几个女人都有暧昧关系。至此，秦赫的“完美恋人”形象彻底崩塌。

梁冉终于明白了，秦赫的那份“体贴”，不过是他同时维系多段感情的工具。他靠着迎合别人的各种需求，把自己塑造成一个完美伴侣，却在不断地切换角色、周旋于不同人之间的时候，让每一段感情都变得虚假又浮于表面。而自己，只不过是他生活中的一个小角色，并非他真心想要呵护、珍惜的那个人。

那天晚上，梁冉狠下心来，删除了秦赫的所有联系方式。她决定彻底放下这段感情，整理好自己的生活，重新开始。

爱的底层逻辑

脚踏几条船的人，表面上看似体贴，实际却并非如此。他们将时间和精力分散开来，同时经营着好几段感情，还营造出对每个人都特别关心的假象。他们试图用这种方式，从多个感情来源里获取满足感，可这样做的结果就是，每段感情他们都无法做到真正全身心地投入，导致他们的伴侣感到不安，总觉得被忽视了。

这种男人还会通过不断地去迎合不同的人，故意模糊关系边界，以此来逃避应该承担的情感责任，也不想做出任何承诺。然而，脚踏几条船的感情注定难以长久。真正的亲密关系需要专注与投入，而不是分散注意力，不停地周旋在不同的人之间。一旦伴侣意识到自己只是其中一条“船”，信任就会被撕裂。到最后，这种感情模式只会在对方心里留下无法弥补的裂痕。毕竟，真正的爱情需要专注于一个人。

恋爱清醒指南

在恋爱中，常常会有脚踏多条船的人。他们在你面前展现出满满的温柔与关怀，却总是避免对关系给出明确承诺，甚至将大量的时间和精力放其他人身上。这类人擅长用模糊的态度和虚假言行让你相信他们是忠诚的，但实际上他们对感情并不专一。

- **观察对方的时间分配**

那些脚踏几条船的人，在每一段感情里，常常会呈现出“忙碌”的样子。不管什么时候，他们好像总有做不完的事，所以很难专门为你空出一段固定的时间。你会察觉到，他们要么经常找借口推托跟你见面，要么每次都说“下次吧”，却从不兑现。总之，他们就是要让自己看起来特别忙，没有空闲，借口也是一个接着一个。如果遇到这种反复推迟见面，总是拿“忙碌”当挡箭牌的情况，那就要小心了，这很可能是感情不专一的信号。

- **关注对方的情感表达是否明确**

如果对方总是回避给你明确的承诺，说起两人的关系时总是模棱两可，比如“我们就先这样，以后慢慢再说。”“我这会儿还不想把关系定下来。”之类的，这一般就是脚踏几条船的典型表现。他们只想着左右逢源，所以会在你面前，也在其他人面前，故意展现出一种暧昧不清的态度，而不会直截了当地表达对你的真情实感。

- **留意对方的社交圈动态**

当你察觉到对方和其他异性有着过于密切、频繁的联系，特别是透着亲密、暧昧的意味时，这也许就是对方在同时经营几段感情的表现。比如，对方和其他异性在社交平台上频繁互动，毫不避讳地有一些公开的亲昵举动，这些情况都可能意味着你遇到了一个感情不专一的人。

把你当“长期饭票”的人，总会露出蛛丝马迹

爱情案例

李阳在一家大企业辛苦打拼多年，终于有了不错的收入和稳定的生活。一次，他在朋友的聚会上结识了李月。李月长得甜美动人，说话轻声细语，李阳瞬间被她吸引了。聚会结束后，李阳主动追求李月，而李月也很快答应了他，两人开始交往。

起初，一切都很美好。李月会温柔地陪伴在李阳身边，耐心听他倾诉工作中的烦恼，李阳觉得自己找到了灵魂伴侣。但渐渐地，李阳发现了一些异样：每次他们出去约会，李月总是挑选昂贵的餐厅，可是从不买单；在各种节日、纪念日，李月总是向他索要昂贵的礼物，比如名牌包、衣服、化妆品等，回礼却往往只是一两百元的小玩意儿。李阳为了满足她的需求，不得不支取存款，后来甚至需要加班加点地工作，省吃俭用。

此外，李月还很关心他的经济状况：“你在你们公司算是核心骨干了吧，一年能挣多少钱呀？”“你在这家银行有没有业务呀？我是说，像存款之类的。”“你来 A 市打拼也有挺多年了，有没有想过在这里买房？”“那辆车真气派，等你升职加薪了也买一辆，我们一起去兜风吧！”这些话让李阳感到不太舒服，但是为了不影响感情，他强行把这种不舒服抛到了脑后。

直到有一次，李阳的公司遇到困难，他的收入受到了影响。当时正好快到中秋节了，李月提出要一款新出的名牌包。李阳第一次拒绝了她，并解释了原因。没想到李月立刻脸色大变，开始哭闹，质问李阳是不是不爱她了。

李阳看着李月歇斯底里的样子，开始反思这段感情，发现李月除了向他索取物质上的东西以外，很少真正关心他的内心感受和生活压力。他意识到，

自己很可能只是李月的一张“长期饭票”。于是，他鼓起勇气向李月提出了分手。之后，李阳虽然经历了一段痛苦的时期，但也明白了爱情不能仅仅建立在物质之上。他开始重新审视自己的生活，努力寻找一份真正相互理解、相互支持的爱情。

爱的底层逻辑

在一段感情中，真诚的关怀与隐秘的算计之间的界限往往很模糊，那些将伴侣视为“长期饭票”的人，最擅长用温柔和体贴掩盖自己的真实意图。他们不会直言索取，而是通过细腻的暗示和长期的情感投入，让对方在不知不觉中主动为他们承担更多的经济责任。

“饭票型”情感的核心问题在于不对等的关系。一些人通过迎合对方的需求、制造美好的未来承诺，逐步引导伴侣将金钱和情感捆绑在一起，使对方陷入一种“这都是为了爱”的心理模式，而忽略了付出与回报的不平衡。

恋爱清醒指南

在情感关系中，有些人擅长通过巧妙的暗示和行为，将另一方“培养”为自己的经济支柱，而非地位平等的伴侣。这种情况通常很难察觉，尤其是将动机隐藏在关心和体贴的行为背后时。

- **警惕对方过度关心你的经济状况**

如果对方总是通过隐晦的方式询问你的经济状况，尤其是在不涉及情感或实际生活需要的情况下，这往往是一个信号。比如，对方可能通过轻描淡写的对话提及收入、存款等话题。这种行为可能并非出于单纯的关心，而是出于潜在的金钱需求。

- **留意未来规划中的单方面期待**

在谈到未来的生活、旅行或者购房等话题时，如果对方的规划始终聚焦于享受更优渥的生活，但从来没有任何实际行动或付出，这无疑是一种警示。比如，对方或许会常常念叨“以后我们去哪里旅游，买哪里的房子”，然而却从不提及自己在其中的投入与贡献，只是一味地期望你为这些美好的愿景提供经济支撑。

- **观察对方的需求是否过于依赖你**

如果对方总是巧妙安排一些需要由你来承担费用的活动，比如聚餐、旅行、购买礼物等，自己却从来没有分担或付出的意向，甚至还以暗示的手段让你买单，那么她很可能已经有意或无意地把你当成了经济依靠。在一段真正平等的关系里，双方都应具备相互付出的自觉，而不是只有一方进行单方面的索取。

在爱情私域，请警惕拿着相机的伴侣

爱情案例

李刚和赵敏在大学期间相恋，步入社会后来到同一座城市打拼。起初，两个人的感情十分和谐，然而随着时间的推移，李刚变得有些奇怪。他开始频繁要求拍摄赵敏的私密照片，起初只是一些穿着内衣的照片，并解释说这是情侣间的亲密举动，是爱的独特表达方式。赵敏虽然内心有些抵触，但是在李刚的甜言蜜语和软磨硬泡下，还是妥协了。

后来，李刚的要求越来越过分，甚至要求拍摄赵敏的全裸照片，但承诺一定会妥善保管，绝不会让其他人看到。赵敏心中充满了不安，但每当她表现出拒绝的意思，李刚就会变得很生气，指责她不爱自己。赵敏害怕失去这段感情，只好再次顺从。

然而，平静的表象下却隐藏着巨大的危机。赵敏开始收到一些匿名的骚扰短信，短信中的内容竟然是她的一些私密照片的描述，虽然这些骚扰短信没有直接发送照片，但是联想到李刚的奇怪要求，她还是感到了极度的恐惧和不安。

赵敏意识到了问题的严重性，开始不动声色地收集证据。终于，她在李刚的电脑里发现了一个隐蔽的社交软件，里面的聊天记录让她惊恐万分：在某个群组里，李刚经常和群友分享她的私密照片，甚至参与了非法交易。

拿到证据的赵敏果断选择了报警。警方迅速展开调查，很快掌握了李刚的犯罪证据。原来，李刚出于好奇加入了一个非法的网络群组，后来在群友的影响下，开始拍摄并分享赵敏的私密照片，以此获取利益和得到所谓的“认可”。他虽然知道自己的行为严重侵犯了赵敏的隐私和尊严，触犯了法律的底线，但还是欲罢不能。

在法庭上，李刚对自己的罪行供认不讳，他流下了悔恨的泪水，但一切都已经太晚了。赵敏虽然摆脱了这场可怕的灾难，但不得不花费大量的时间和精力去重建自己的生活，抚平心中的创伤。

爱的底层逻辑

在恋爱关系里，部分人会以爱为借口，要求伴侣拍摄私密照片，还美其名曰能增进亲密感。这种看似无害的要求，实际上暗藏着巨大的风险。因为一旦交出私密照片，这些照片就可能被对方当成交换利益的工具。更糟糕的情况是，这些照片可能变成一方控制另一方的手段。比如，有些人在感情出现问题时，会用这些照片威胁伴侣，让伴侣难以抽离。

真正的爱情应该建立在尊重和信任的基础之上，而绝非靠窥探对方的隐私来维系。如果在一段感情中，你察觉到对方在不断试探你的隐私边界，甚至让你产生了不舒服的感觉，那么这很可能就是一个情感陷阱。爱一个人，绝不等于要毫无保留地把自己的隐私交出去。健康的恋爱关系，应当是双方都能尊重彼此的个人空间，各自保持独立人格与自由意志。所以，面对感情问题时，一定要时刻保持理性和清醒，千万不要被表面浪漫、实则危险的“爱情”迷惑，以致陷入难以自拔的困境。

恋爱清醒指南

在爱情里，信任与亲密固然是关系的根基，但有些行为背后可能潜藏着不为人知的风险，我们必须对此有所警觉。因此，懂得如何防范爱人拍摄私密照片，切实维护好自身的隐私与尊严尤为关键。

- **设定明确的隐私边界**

恋爱中的双方，都应拥有独立的隐私空间。所以在恋爱初期，就要与伴侣坦诚交流，清晰地划定个人隐私的范围。直白地告知对方，自己坚决不接受拍摄或分享任何私密照片的行为。这种开诚布公的沟通，能使对方清楚你的底线在哪里，从而有效规避后续可能产生的不必要的压力。同时，自己也要坚守对隐私的态度，绝不能因为情感上的起伏变化而随意放宽界限。

- **果断拒绝任何不当要求**

当伴侣提出拍摄私密照片的要求时，不管其理由是浪漫、信任还是爱，都要坚定地予以回绝。对于那些让自己心生不适的要求，务必要即刻表明立场，让对方清楚地认识到，你绝不会为了迁就对方而放弃自己的原则。如果对方对此反应过激或者无法理解，那么这本身就是一个危险的信号。

就算不分彼此，也要把婚前婚后分清楚

爱情案例

陈雅和李峰相恋多年，感情一直很好，于是两人决定步入婚姻。父母曾提醒过陈雅："婚前婚后的财产问题得分清楚，不要因为感情而犯糊涂。"但陈雅总觉得，爱情应当是无条件的，婚姻是要建立在信任之上的，所以不需要计较这些细节。

婚后不久，李峰提议开设一个共同账户，统一管理两个人的收入和支出。陈雅觉得这个方式既有利于家庭财务的规划，又可以加深彼此的联系，便毫不犹豫地同意了，还把自己婚前的积蓄也放进了共同账户。

最初，两个人共同分担家务和开销，生活和谐。可是，随着时间的推移，陈雅开始觉得不对劲。她发现李峰总是把各种没有用于家庭的开销归为"家庭需要"，用共同账户支付，比如他和朋友聚餐的费用、他的烟酒花销等。陈雅对此提出疑问，李峰却说："我们是夫妻，生活中的这些事情本来就该共同承担，不是吗？"陈雅被他说服了，决定不再多想。

然而有一次，陈雅查看共同账户的余额时，发现钱少了很多。她起了疑心，仔细一查，发现李峰不仅用共同账户支付了家里的开销，还悄悄偿还了个人债务。陈雅感到被欺骗，生气地质问李峰。李峰却理直气壮地说："这些都是我们的共同财产，我用来还债怎么了？"陈雅没有说话，心里却涌起阵阵不安。

有一次，陈雅的父亲生病了，但医药费不够，她提议用共同账户帮忙支付一部分。李峰却忧心忡忡地说："最近家里开销太大，账户余额不多了。要不你再想别的办法吧。"这句话让陈雅如梦初醒。她开始意识到，婚姻中并非所有的事情都应该共同承担，财产问题必须处理得清楚明白。

最终，陈雅决定采取行动，要求和李峰明确财产的分配和管理方式。她咨询了律师，并在律师的帮助下逐步恢复了经济独立。这件事后，她重新思考了自己的生活方式，认识到婚前婚后的财产应该有明确界限，无论感情再好，财务上的透明和独立都是婚姻的基础。

爱的底层逻辑

结婚意味着两个人在法律和社会层面建立起一种紧密的关系，但也要认识到，个人的边界和独立性不能因为步入婚姻而消失。如果在婚姻中缺乏明确的认知和界限，那么原本平等的婚姻关系就可能变成一方对另一方的无声控制。

在婚姻中，夫妻双方在财产上不分彼此，往往是关系亲密的体现，殊不知过度不分彼此而缺乏清晰的边界意识，容易导致一方的利益受到损害。比如，案例中的陈雅试图通过这种高度融合的经济模式来强化彼此的情感联系，李峰却用共同账户支付非家庭开销，甚至偷偷用于偿还个人债务，又拒绝了陈雅支付父亲医药费的要求，这种行为严重侵犯了陈雅的财产权益，破坏了婚姻关系中的信任平衡，使得陈雅在婚姻中的安全感急剧下降。

健康的婚姻关系中，夫妻双方都应构建起对财务的理性规划体系。无论是在婚前还是婚后，都需要各自对自己的资产、支出、投资等有清晰的认知与合理的安排。要避免把婚前财产完全交给对方处理，特别是在涉及共同支出的时候，务必要有清晰明确的沟通，达成共识。唯有如此，婚姻中的双方才能保持相对的独立和平等，防止因财务问题而产生不信任感和矛盾冲突，真正实现感情和生活的平衡。

恋爱清醒指南

清晰划分婚前财产意义重大，不仅能保障个人的经济利益，还能减少婚姻中的财务纠纷，确保夫妻双方在婚姻中维持平等、独立的地位。

- **明确列出婚前财产，拟定财产协议**

婚前，双方应详细列出各自的资产，包括房产、存款、投资、车辆等，并对每项资产的价值进行评估。为确保公正和透明，可以请律师起草一份婚前财产协议，清晰界定婚前财产的归属。同时，协议中还应明确婚姻存续期间新产生资产的分配方式，比如继承的遗产等。通过上述法律途径，可以确保未来双方产生财务纠纷时有据可依。

- **婚前资产独立管理**

为了防止婚前财产与婚后共同财产混淆，建议对婚前财产存款和投资保持独立管理。可以在银行设立专门的婚前个人账户，把所有婚前资产存入该账户，并保留相关的存款和投资记录。如果在婚姻生活中需要动用婚前账户，应事先协商一致并详细记录，以免日后出现纠纷。

- **定期沟通，共同规划婚后财务**

在结婚前，双方应共同商量婚后的财务管理办法，并达成共识。比如，决定婚后是否合并收入、如何分担日常开销、储蓄和投资各占多少比例等。可以考虑设立共同账户用于家庭开销，同时确定好双方每月需要承担的金额。此外，还应规定个人财务自由支配的额度，避免一方在不知情的情况下承担过多的财务压力。定期审查财务状况，并根据实际情况进行调整，确保双方在经济上的公平和透明，能够有效避免婚后因财务管理不善而引发不满和矛盾。

拒绝以爱为名的 PUA，看穿伴侣看似无辜的操纵行为

以“爱”为名的操控常常悄无声息地进入关系中，伴侣可能以关心、包容等为理由，要求你放弃自己的原则，牺牲个人的需求。而你在这份“爱”中渐渐失去了自己，变成了对方情感游戏中的棋子。真正的爱情应当是相互扶持，而非一方为了满足另一方的需求，丧失自我。

“你应该”
——占据道德高地，进行心理驾驭

爱情案例

事情要从一次家庭聚会说起。那天傅婉因为工作繁忙，只准备了水果拼盘和外卖小食。丈夫许致刚看了，温和地对她说：“你应该更用心些，不然别人会觉得我老婆做事很随便。”这句话让傅婉心头一紧，却又不知如何反驳。那天之后，“你应该”就成了许致刚的口头禅，傅婉加班回家后，许致刚会说：“你应该多陪陪我妈，她觉得你最近对她冷淡了。”而当傅婉买了自己喜欢的衣服时，他又会提醒：“你应该多为家里着想，别总是乱花钱。”

许致刚从不发火，每一次的“你应该”，他都说得温和平静、理所当然，好像都是在为她、为这个家考虑。但是，傅婉能够从中感觉到这些话中隐含着指责，这让她不禁怀疑自己：我真的这样差劲吗？

有一次，傅婉尝试和许致刚沟通，倾诉自己的压力与困惑。许致刚却叹气道：“我也是为你好。你应该学会平衡工作和家庭，这些问题难道你以后都不打算改吗？”他的回应让傅婉深感无力。一方面，许致刚的话让她反思自己是不是真的反应过度了；可另一方面，情绪无法宣泄、感受不被接纳的痛苦，又让她感到窒息。

之后，傅婉开始不自觉地用许致刚口中的“你应该”来要求自己。可是无论她怎样努力，似乎都难以达到他所谓“应该”的标准。她的生活逐渐被这些不切实际的期待填满，内心却越发空洞。日复一日，傅婉对生活失去了热情，也迷失了自我。她开始习惯性地自责，一味地迎合许致刚的期待，却发现自己正一点点地陷入困境。

傅婉不明白问题到底出在哪里，直到听到许致刚在朋友聚会上的一句话，让她猛然清醒。当时，大家聊起了家庭分工的话题，许致刚面带微笑、语气骄傲地说:“婉婉很懂事，从不用我多操心，她自己就知道怎么照顾家里。”那一刻，傅婉心中一阵剧痛。她突然意识到，许致刚的“你应该”，并不是真的是为她考虑，而是要将她框定在一个“完美妻子”的角色里，不断挤压她的情绪和需求空间。自己所谓的“懂事”，不过是许致刚隐形操控的结果，而她内心真实的感受从未被尊重。

爱的底层逻辑

“你应该”背后是一种隐蔽的心理操控。操控者往往披着“为你好”或“合理期待”的外衣，以温和的语言掩盖自己的控制欲，把自身的需求包装成受控者的义务，让受控者在不知不觉中感到自责与愧疚，进而将责任巧妙地转嫁给受控者。

在这种模式下，操控者经常站在道德高地上对受控者提出隐性要求，如对对方说“你应该更努力”或“你应该更懂事”等，迫使受控者迎合特定的标准，而忽略自身的情绪和需求。这种操控看似温和，实际上却侵犯了受控者的权利。久而久之，受控者就会陷入自我怀疑的泥潭，逐渐失去自我。

恋爱清醒指南

健康的关系应以平等和尊重为基础，而非通过所谓的“道德绑架”来削弱一方的独立性与自我价值。学会识别隐形操控，是维护亲密关系健康发展的关键。

- **明确界限，拒绝转嫁**

面对“你应该”式的要求，首先要学会辨别对方话语中的真正意图，明确哪些是合理期待，哪些是被包装的隐性操控。通过清晰的沟通表明界限，可以有效避免被无意识地带入对方设定的角色。

- **直面情绪，勇于表达感受**

应对隐形操控时，直面自己的情绪尤为重要。如果感受到压力或不适，应及时表达出来，让对方知道这些要求对你的实际影响。比如，当对方试图用“懂事”或“责任”来要求你时，可以坚定地回应：“我有自己的想法和规划，不能仅仅为了符合你所谓的‘懂事’的标准而违背内心。”或者说：“不要拿‘责任’来道德绑架我，我只承担我认可的责任。”通过这样的方式，既能缓解自己的情绪压力，又能让对方重新审视自己的期待是否合理。

- **守住自我，避免情绪内化**

最重要的是，不要轻易将对方的话语内化为自我否定。要始终记住，亲密关系是平等的，任何一方都没有权力压制另一方。通过坚持自己的节奏，合理拒绝不恰当的要求，同时用具体行动守护个人边界，可以让你在关系中重新找到平衡，避免被对方的操控侵蚀自我价值。

“你真笨，幸亏有我”
——实施精神打压，建立不对等关系

爱情案例

小萱与男友阿强相恋三年，曾经的她阳光开朗、自信满满，然而在这段关系的影响下，她逐渐变得自卑、消沉。

在日常生活中，阿强对小萱说得最多的就是“你真笨，幸亏有我”。有一次，小萱精心准备了一顿晚餐，可是有一道菜调味稍重了，阿强便笑道："你的厨艺真是太差了，这么简单的菜都能搞砸。不过幸亏有我，不然我们只能天天吃黑暗料理啦。"小萱满心的期待瞬间化为乌有，只剩下沮丧。

工作中，小萱辛苦策划的方案被领导驳回了。她向阿强诉说委屈，阿强却说："你真笨，这点儿小事都做不好。要是我，肯定一次就通过了。幸亏有我，不然你哭都没地方哭去！"阿强虽然是开玩笑的语气，却让小萱对自己的工作能力产生了极大的怀疑，在之后的工作中开始变得畏首畏尾，害怕出错。

还有一次，两人外出旅游，小萱因不熟悉路线而走错了路。阿强笑着说："你怎么这么笨呀，连个导航图都看不明白。幸亏有我，不然你非把自己弄丢不可！"他的话让小萱无地自容，内心充满了愧疚和自卑。

渐渐地，小萱变得越来越依赖阿强，好像离开了阿强就无法生存。于是，她开始不断地迎合阿强。比如，她放弃了自己的兴趣爱好，努力按照阿强的标准改变自己。但是，无论小萱怎么努力，都无法得到阿强的认可。阿强还是一如既往地把"你真笨，幸亏有我"挂在嘴边。

直到有一天，小萱在偶然间看到了一本关于情感 PUA 的书，书中的案例让她惊出一身冷汗，她仿佛在案例主人公的身上看到了自己的影子。小萱开始反思这段感情，意识到自己不能再这样被阿强控制和打压下去了。

经过深思熟虑，小萱鼓起勇气向阿强提出了分手。阿强试图挽回，还指责小萱不知感恩，但小萱没有动摇，她毅然决然地离开了阿强，开始重新找回那个独立、自信的自己。

爱的底层逻辑

精神打压往往被伪装成"善意提醒"和"好心帮助"，其核心是通过反复的否定和轻视，逐渐削弱受控者的自信，强化其对操控者的依赖。这种方式看似无害，甚至充满"温柔"，实际上是试图通过一次次的"帮忙"和"纠正"，逐步压缩受控者的独立决策权。

在这种不对等的关系中，操控者往往通过扮演“拯救者”的角色，让受控者相信自己无能，需要依赖他人。这种模式的危险之处在于，它不会直接攻击受控者，而是通过日常生活中的细节，逐步建立起一种心理暗示：“如果没有我，你将无法独立生活。”

恋爱清醒指南

恋爱关系中的不对等，有时并不是通过显而易见的强硬手段，而是通过温柔的语言和“关怀”逐步实现的。那些看似为你着想的言语和行为，可能正在侵蚀你的自信和独立性。当伴侣不断以“我比你强”的姿态出现，你在感情中就会渐渐失去平等的位置和独立的身份。

- **辨识“关怀”背后的隐形打压，重建自信**

“幸亏有我”看似是关心，实则是在不断强调对方的无能。学会辨识这种语言模式，关注伴侣是否总以“我比你懂”的方式来定义你的行为或决策，是打破精神控制的重要一步。尝试通过小事建立自信，比如坚持独立完成某件事，即使失败，也要认识到这只是成长的一部分，而非对方轻视你的理由。

- **拒绝被塑造成“需要拯救”的角色，设立边界**

健康的关系需要平等的支持，而非单方面的帮助。学会对伴侣的“介入”设立边界，比如明确表达哪些事情可以自己处理，以及对过多的干涉礼貌拒绝，能够让你从这种依赖模式中抽离，重新找回对生活的掌控感。

- **积极沟通，明确表达需求**

清晰地表达自己的需求、感受和期望，能让对方了解你并非时刻都需要被“指导”。比如，对方试图干涉你的穿搭时，可以说：“我知道你关心我，但我有自己喜欢的风格。”

“你这样做让我……”
——引发罪恶感，制造心理补偿

爱情案例

晓峰和女友晓妍相恋多年，曾经他们的感情甜蜜而美好，但渐渐地，一种无形的压力开始在晓峰心头蔓延。

晓妍常常会以“你这样做让我……”的句式来和晓峰沟通。比如，晓峰因为工作繁忙，取消了一次和晓妍的约会。晓妍满脸委屈地说：“你这样放我鸽子，真的让我特别失望。我满心期待地准备了那么久，你却那样轻易地就取消了。”晓峰看着晓妍泫然欲泣的模样，内心充满了愧疚，尽管工作确实脱不开身，但他还是不停地向晓妍道歉，并且在之后的日子里，无论晓妍提出什么要求，他都尽力去满足，试图弥补自己的“过错”。

有一次，晓峰的朋友从外地来访，他陪着朋友出去玩了一天。当他回到家时，晓妍便抱怨道：“你这样把朋友放在我前面，让我觉得自己在你心里一点儿都不重要，我为你付出了这么多，你却这样对我。”晓峰顿时觉得自己好像是一个自私的人，为了让晓妍开心，他不仅减少了和朋友的往来，还花了很多钱给晓妍买礼物，希望能得到她的原谅。

还有一次，晓峰的家里遇到了经济困难，他不得不拿出一部分原本计划用于和晓妍旅行的钱来帮助家里。晓妍得知后，哭着说道：“你这样挪用我们旅行的钱，让我感觉自己像个傻瓜，一直在傻等，你根本就不考虑我的感受！”晓峰为了平息她的愤怒，不仅向亲戚借钱补上旅行费用，还额外给晓妍买了新衣服和首饰。

随着时间的推移，晓峰越来越疲惫，他感觉自己总是在为了晓妍的感受而活，自己的需求和想法则被完全忽视了。终于，当晓妍再次以“你这样做让我……”为由，要求晓峰放弃一个很好的晋升机会时，晓峰爆发了：“这么多年，我好像一直在为了补偿你而活，已经失去了太多自我了。我不想再这样痛苦下去，我们分手吧。”晓妍哭闹道：“你这样说，让我太心寒了！我只是太在乎你，太害怕失去你了。”晓峰叹了口气，不再多说什么，毅然走出了这段束缚了自己多年的关系，只留下晓妍独自待在原地。

爱的底层逻辑

“你这样做让我……”这样的表述，很可能隐藏着一种精妙的心理操控。这种操控的核心在于，通过引发受控者的罪恶感，让其主动调整行为，以迎合操控者的需求。相比直接的指责或强硬的控制，这种情感绑架更加隐秘而有效。

通常来说，操控者擅长把自己伪装受委屈的一方，引导受控者把自身的行为和操控者的情绪捆绑在一起。他们看似没有要求，但每一句“你这样做让我……”都在塑造一种不对等的关系：一方需要持续付出和迎合，另一方却以“隐忍”和“无辜”的姿态获取心理上的主导权。

被引导出的罪恶感削弱了受控者的自信。操控者以“受伤者”的身份掩盖自己的控制行为，受控者则因内疚感而不断降低对自己的认同，最终让关系中的不对等逐步加深，却难以察觉。

恋爱清醒指南

真正的爱是彼此理解与尊重，而非通过言语让对方不断感到愧疚和负担，制造心理补偿。看似委屈的“我很难过”“我付出了那么多”背后，如果隐藏着动机不纯的引导，就会让感情失衡。

- **识别隐藏的情感操控，跳出无形的罪恶感**

当对方使用“你这样让我很难过”或“我为你付出了这么多，你怎么能这样”的话语时，问自己两个问题：“这是对方的问题，还是我的责任？”“我是否因为这些话语而不自觉地感到愧疚？”写下这些感受并分析，可以帮助你分清哪些是合理要求，哪些是操控话术。同时，练习用理性回应，比如直接说：“我理解你的感受，但这并不是我的错。”

- **重建个人界限，拒绝被引导去“弥补”**

每当对方试图通过语言引导你“弥补”或承担不属于你的义务时，先冷静下来问自己：“这是否超出了我的能力或不符合我的意愿？”然后以明确的话语来表达边界，比如：“这件事需要我们共同承担，而不是只有我来完成。”在涉及具体事务时，可以用“我更倾向于这样处理”替代“我应该怎么做”，主动掌控决策权。

- **审视关系的平衡，选择健康的情感方式**

要重新审视关系，可以尝试与值得信任的朋友或专业人士探讨，让外部视角帮助你判断是否存在情感操控。还可以记录互动的细节，如对方的哪些口头禅会让你感到压力很大，并分析其背后的动机。在有压力的关系中，为自己设立一段“观察期”，尝试减少迎合对方的需求，看看对方是否愿意调整。如果对方无法改变以操控为基础的互动模式，那你就要重新考虑这段关系了。

“都是为了我们的将来”
——画饼充饥，实现摆布目的

爱情案例

雅琴和男友子轩是大学同学，毕业后，他们一起来到 A 市打拼。子轩一心想要创业，一直“宅”在家里研究创业资讯，美其名曰“做市场调研”。每当雅琴下班回家，疲惫地坐在沙发上时，子轩总会兴致勃勃地说：“我今天又研究了几个超有潜力的创业项目。等我创业成功，你就不用这么辛苦地工作了。”雅琴看着冷冰冰的灶台，没有说话，只是叹了一口气，然后默默起身去做饭。

起初，雅琴是非常支持子轩创业的，对他们的未来充满了期待，所以心甘情愿地承担两个人生活的所有费用，甚至为了多挣些加班费而放弃了自己的休息时间。可雅琴不是铁打的，她也会累，于是想让子轩多承担一些家务，但每次子轩都以忙着筹备创业为由推托：“创业不易，我每天其实比你还累，你就体谅体谅我吧，这不都是为了我们的将来吗？”

然而，一年过去了，子轩的创业项目依旧停留在“筹备阶段”。雅琴有些着急，子轩却满不在乎地说：“创业哪儿有那么简单，得把前期的规划做得万无一失才行。我现在所做的一切都是为了我们将来能一帆风顺，你不相信我吗？”

有一次，雅琴的公司有一个外派学习的机会，雅琴非常想去，子轩却极力反对：“你走了，谁来照顾我？而且我这边创业也到了关键时期，需要你的支持。你要知道，我做的这一切都是为了我们的将来，你不能在这个时候离开我。”雅琴无奈，只好放弃了这个机会。

就这样，几年过去了，子轩的创业依然没有任何实质性进展。雅琴看着镜子中日益憔悴的自己，终于意识到，自己一直在被子轩用“都是为了我们的将来”这句话画饼充饥，实际上却只是被他摆布，成为他不劳而获的依靠。

心灰意冷的雅琴最终向子轩提出了分手。子轩惊慌失措，试图再次用那些美好的愿景来挽留她，但雅琴只是淡淡地说：“我已经为你的‘将来’付出了太多，我不想再继续这样下去了。”

爱的底层逻辑

以“将来”为名逃避责任，本质上是一种精心包装的权力掌控。通过描绘“共同的将来”这块美好的“饼”，操控者将责任与付出转嫁给受控者，同时以情感绑架的方式，让受控者无法拒绝。这种模式隐蔽且深刻，受控者常在不知不觉中被“未来蓝图”所裹挟，逐渐失去判断力和独立性。

这类操控通常具有几个显著的特征：第一，操控者以美好的愿景激发伴侣的动力，却从不真正行动，而是将自己的不作为合理化为“需要时间”或“为未来做准备”；第二，他们常通过言语暗示或侧面指责，如“你不信任我”“你不爱我了”，让伴侣感到愧疚，从而避免正面冲突；第三，他们会在细节中建立权力结构，如要求管理家庭财务或规划伴侣的生活，逐渐削弱伴侣的独立性。

最终，这种关系让受控者变成一台为“未来”运转的机器，而操控者却站在道德制高点，将自己塑造成被爱、被支持的一方，却从未付出实际努力。“画饼”画出来的美好幻象，掩盖了关系中的失衡与压迫。

恋爱清醒指南

在爱情中，承诺本该是彼此努力的方向，但如果承诺成了压迫对方的工具，感情就会失衡。唯有以平等与真诚为基础，爱才能成为维系感情的桥梁，而不是囚禁一方的牢笼。

- **正视承诺背后的行动，拒绝单方面的付出**

承诺需要行动来支撑，而不是空谈。面对“为了我们的将来”这种说辞，可以要求对方明确计划，比如设定具体的目标和时间节点，并跟进进展。如果发现对方只是反复描绘美好蓝图，却没有任何实质行动，就需要果断指出问题，要求其承担应负的责任。

- **保护个人独立性，不为“将来”失去自我**

在一段关系里，需要明确哪些责任是自己应该承担的，哪些责任超出了自己的义务范围。不管是经济开支方面，还是日常生活安排，都务必保证双方责任分配清晰合理。如果对方企图让你无条件地付出，你就要坚定地表明自己的需求，守住自己的底线。比如，不能为了满足对方的要求而轻易放弃重要的个人事务，或者随意割舍自身的资源。

- **重新审视感情中的公平性与尊重**

定期审视双方在感情里的投入是否对等，包括经济支出、投入的时间，以及情感付出等方面是否匹配。一旦发现长时间存在不平衡的情况，就应主动提出调整建议，同时明确双方在实现共同目标时所应承担的责任。如果对方一直回避与你沟通，或是对你的努力视而不见，那你就要认真权衡这段关系是否值得继续维系。

“我是为你好”
——移花接木，满足自己的私欲

爱情案例

周岚和顾清在相恋之初，生活充满了甜蜜。但渐渐地，这份甜蜜开始被一些微妙的变化所取代。

刚开始时，顾清表现得无微不至，仿佛比周岚更了解她的需求。他总是“体贴”地为她作出决定：她喜欢喝美式咖啡，他却递上甜拿铁，理由是“美式咖啡对胃不好，我这都是为你好”。她想参加夜跑活动，他温柔地劝阻，强调晚上出门可能遇到的种种危险。起初，周岚很享受这些关心，认为这是爱的表现。然而，“我是为你好”逐渐变成了一种无处不在的束缚。

顾清的“为你好”并不是单纯的关心，而是一种隐性的情感控制。他以爱为名，用看似无害的建议层层侵蚀着周岚的自主权。她喜欢绘画，经常参加绘画社团活动，他却很不支持："我是为你好，你应该把更多的时间放在提升自己的内在修养上，比如多看看书。"顾清的每句"为你好"，都带着一种居高临下的合理性，让周岚难以拒绝。他似乎总能找到理由说明她的决定不够周全，让她一次次将选择权拱手相让。

更深层次的伤害在于，顾清的话语表面温和，所以总让周岚觉得自己不够理性、谨慎。他会轻声说："这么做不合适吧？""这不是更好吗？"看似尊重，却将她的每一个决定引导到他的掌控中。久而久之，周岚不再轻易表达观点，而是开始揣测他的态度。她发现，自己的生活正被"为你好"的关心牢牢包裹，无法挣脱。

有一次，两人要一起参加一场饭局。出门前，周岚特意穿上了一条自己很喜欢的裙子，顾清却说："这样穿太显眼了，别人会觉得你刻意。"他的语气中没有责备，却让她感到羞愧，于是乖乖换上了他挑选的朴素套装。

最让周岚不适的是家庭聚会。顾清"好心"地让她穿职业装，理由是"长辈会更欣赏"。席间，他得意地提到她如何做事周到，引来亲戚们纷纷夸赞，而她却感到真实的自己正在消失，陷入了深深的自我怀疑之中。

爱的底层逻辑

"我是为你好"这句话，看似充满关爱，实则可能是一种隐形的情感控制。通过"移花接木"的方式，操控者将自己的意图巧妙包装成"为了对方的利益着想"，从而逐步剥夺对方的选择权和独立性。在这样的关系中，受控者会因为对方的"无害关心"而逐渐降低对自身的信任，甚至开始质疑自己的判断力。

这种控制模式的核心，是将受控者的需求置于操控者的解读之下。比如，当受控者提出一个愿望或选择时，操控者会用"合理化"的语言将其否定，并提供替代方案。这种行为表面上是为了"保护"或"优化"对方的生活，实际上却是在建立一种"我的意见高于你的选择"的认知。随着时间的推移，受控者的自主权被逐步侵蚀，操控者的主导地位却得到了强化。

更为隐蔽的是，这种控制往往被外界误解为体贴和爱。操控者通过情感操控，把自己塑造成关心伴侣的形象，而受控者容易因外界的影响而怀疑自己的感受。这种模式不仅会让关系失衡，也会让受控者的自我逐渐消失。

恋爱清醒指南

在亲密关系中，以“为你好”为理由的建议，看似温柔体贴，却可能在无形中剥夺了个体的选择权。当这种关心成为一种模式，它可能不仅仅是出于爱，而是为了满足操控者的私欲。真正的爱应该赋予个体自由，而不是让个体成为听话的附属品。

- **察觉隐形否定，维护选择权**

对自己保持清晰的认知尤为重要，可以定期回顾对方的建议是否真正尊重你的需求，还是更多出于对方自己的偏好。比如，列出你坚持的兴趣、习惯或目标，并观察这些是否因对方的“建议”而被改变。当面对“为你好”的话语时，可以明确表达：“我知道你是关心我，但我更愿意按照自己的想法来做。”通过直面这些暗示，拒绝将选择权轻易交出去。

- **保持自主意识，划清情感边界**

如果发现对方的“关心”逐渐渗透到你的生活细节中，比如穿衣风格、兴趣爱好，甚至决策方式时，应及时重新审视自己的生活是否被过多干预。分清哪些是你自己的权利，哪些是可以讨论的内容，可以避免让对方通过“建议”逐步侵蚀你的独立性。

- **理性审视“为你好”背后的动机**

不妨冷静分析对方的真实动机，可以问自己几个问题：“这是否真正有益于我的幸福？还是更多地为了迎合对方的掌控欲？”通过观察这些建议是否长期限制了你的自由，或者是否频繁要求你改变，你可以更清晰地判断关系的健康程度。如果发现这些“好意”常常让你感到压抑或失去自我，就要及时与对方深入沟通，甚至重新评估这段关系是否值得继续。

“和我在一起是你的福气”
——内部造神，试图唯我独尊

爱情案例

程韵已经记不清听沈璟说过多少次“没有我，你的生活不会这么好”这样的话了，每次听到，她心头都会涌起一种难以名状的压迫感。

程韵和沈璟相识于三年前的一场文化活动，沈璟幽默风趣、知识渊博，很快就吸引了程韵的注意，两人迅速陷入热恋。起初，沈璟对程韵关怀备至，他会在程韵生病时彻夜照顾程韵，会精心准备浪漫的约会，这些都让程韵觉得自己是世界上最幸福的女人。然而，随着相处时间变长，沈璟开始有意无意地向程韵灌输一种观念：“和我在一起是你的福气，这个世界上没有人会像我这样爱你、懂你、照顾你。”

在生活中，大到职业发展、兴趣爱好，小到穿衣、饮食，沈璟都喜欢替程韵做决定：“你要相信我的判断，和我在一起是你的福气，你会感谢我的。”如果程韵想坚持自己的想法，他就会生气地说：“你开心就好，以后有什么问题不要来找我就行。”

沈璟还掌控着两个人的财产，他告诉程韵：“和我在一起，你不用操心钱的事，我会安排好一切，你只要乖乖听我的就行。”这导致程韵对两个人的财务状况一无所知，甚至连自己辛苦工作挣来的钱都无法自由支配。

在情感上，沈璟更是经常强调自己的重要性。比如，他们喜欢看一档恋爱调解节目，沈璟经常在看完后对程韵说：“幸亏你遇到的是我，这是你的福气。”

在沈璟这种长期的精神打压之下，程韵逐渐失去了自我。她开始相信沈璟所说的一切，觉得自己真的很无能，离不开他，哪怕内心深处偶尔会有一丝反抗的念头，也会被沈璟的“爱意”和“权威”所压制。

直到有一天，程韵偶然和一个久未联系的老同学重逢。老同学惊讶于程韵的变化：过去的她古灵精怪，现在看起来却像一个受气包。程韵对老同学讲述了自己的苦恼，老同学听完后，直言她陷入了一种不健康的恋爱关系中，让程韵如梦初醒。她开始反思自己这几年的生活，意识到沈璟一直在“内部造神”，试图让自己唯他独尊。

想明白了之后，程韵鼓起勇气和沈璟分手了。她决定找回真正的自己，虽然这个过程充满了痛苦和挣扎，但她明白，只有摆脱被“神化”的另一半的控制，才能真正获得自由和幸福。

爱的底层逻辑

“和我在一起是你的福气”这种观念，反映了一种典型的权力不对等的恋爱状态。在这种关系中，一方通过强调自己的重要性和对方的依赖性，逐步将自己塑造为对方生活中不可或缺的倚仗，以此来维持自己在关系中的绝对地位。这种行为往往通过言辞、行动或潜在的暗示，使对方逐渐陷入对自身价值的怀疑，认为没有这段关系，自己将无法获得幸福或成就。

在这种关系里，爱被赋予了“施恩”的枷锁。被塑造成依赖者的一方常常在潜移默化中失去自我，不再追求个人成长，而是不断迎合对方的期望与标准。真正的爱情应建立在平等和尊重的基础上，而不是一方通过掌控来满足自己的需求，强化自己的存在感。

这种关系的危险性在于，它消解了个体的独立性与自主性，代之以不对等的权力结构。在这种“唯我独尊”的相处模式下，另一方被迫放弃自我实现的机会，无法摆脱情感和心理上的桎梏，最终可能导致关系的失衡与个人的迷失。

恋爱清醒指南

在恋爱关系中，如果一方总是以“和我在一起是你的福气”自居，试图将自己放在关系的中心并削弱另一方的独立性，这实际上是一种隐形的心理操控。面对这样的行为，及时识别并采取有效措施，能够帮助你维护自身的尊严与关系的平衡。

- **重新评估关系的平等性，必要时选择退出**

当对方一再试图通过“造神”的方式让自己成为恋爱关系的中心，并拒绝尊重你的独立性时，你可能需要深入审视这段关系的健康程度。健康的关系应基于平等，而非一方俯视另一方。你可以问自己：“这段关系是否让我感到自信，是否让我有所成长？”如果答案是否定的，或者对方在你表明边界后仍坚持唯我独尊的姿态，那你可能需要果断离开，选择一个真正尊重你的伴侣。

- **主动定义自己的价值，避免被控制感牵制**

“造神”式伴侣通常会试图以自己的标准来评判你的人生，从你的选择、习惯到目标，逐步将你的生活纳入其掌控范围。面对这种情况，首先要明确自己的价值，不要让对方的优越感削弱你的独立性。可以通过理性对话来表达底线，比如：“你的建议很重要，但这件事我有自己的想法。”同时，坚持自己在工作、生活中的独立决策，用行动证明你并不依赖对方。

戒断依赖共生：
人的被爱程度，取决于对自己的定义

在生活中，人们容易把依赖当成爱情，但其实它源于自我认知的缺失。我们常常在关系中寻找安慰，渴望用他人的爱来填补内心的空缺。然而，真正的爱并不依赖于他人的认可，而是源于对自己价值的认同。当我们从依赖中解脱出来，学会独立思考和自我滋养时，我们也会收获更多的爱。

毁掉爱情的，有时是爱的方式

爱情案例

婚后的头两年，王一帆和王念念的生活甜蜜如初。他们会在周末的清晨一起准备早餐，会在午后骑车到湖边散步。王一帆相信，他们的感情会一直这样美好下去。

然而，结婚的第三年，他们的关系开始变质。念念因为加班常常回家很晚，一帆会贴心地为她准备热饭热菜，但念念只是随口说声“谢谢”，便匆匆吃几口继续加班。一帆感到被冷落了，开始频繁质问念念是否还在乎他。念念起初还会耐心解释工作忙，可时间久了，她感到非常疲惫，一句话也不想多说了。一帆觉得念念离自己越来越远，念念则觉得一帆的爱让她窒息。

在一次争吵中，念念失控地说：“你所谓的爱，只是在用情绪逼我回应。我工作已经很累了，为什么不能让我好好休息？”一帆委屈万分，他全心全意地爱着她——记得她的生日和他们的纪念日，记得她喜欢的菜肴，甚至连她偶然提起的愿望都默默帮她实现。然而，这些努力换来的却是越来越强的距离感。

后来，一帆试图用更多的付出来修补和念念的关系。他每天接送念念上下班，在她的办公桌上摆满花束，甚至去参加她公司的聚餐。念念表面上微笑回应，内心却愈发不安。她觉得自己逐渐失去了私人空间，而一帆则觉得她在抗拒他的爱。就这样，两人的争吵越来越频繁，而且每次都以沉重的关门声和无声的叹息结束。

某一天，一帆发现念念的笔记本中夹着的一张旧照片。那是他们大学时的合影，背面写着：“爱他，只因能自由地做自己。”这句话让一帆恍然大悟。

念念想要的是自由，是被尊重的空间，而不是充满压力的“爱”。可他的领悟来得太晚。

不久后，念念提出分开。她没有指责，也没有抱怨，只是平静地说：“我们都累了，也该歇歇了。”一帆坐在空荡荡的家中，第一次意识到真正毁掉这段感情的，并不是念念的疏远，也不是自己付出得不够，而是自己表达爱的方式让两人渐渐无路可退。

爱的底层逻辑

维系爱情，不能仅仅依靠“爱”这个抽象的概念，更为关键的是爱的方式，要让对方切实感受到舒适与尊重。上述案例反映了一个常见的情感困境：当爱以“自以为”的形式强加给对方时，就很容易从最初的关怀，悄然转变为一种无形的束缚。在这种情况下，爱不再是滋养彼此的养分，而是束缚对方的绳索。

爱的方式之所以出现偏差，往往源于一种错误认知：“只要我付出了，就必须马上得到回报。”这种情感逻辑从根本上忽视了爱的平等性与自由本质。在健康的相处模式下，付出是主动自发的行为，回应则是自然而然产生的。一旦把爱当成一场交易，那么对方的每一次冷淡或者沉默，都会被解读为背叛与疏远，进而引发更多的矛盾和冲突。

除此之外，如果爱的方式无法与对方的实际需求相契合，也会致使关系失衡。比如，一方试图通过控制对方的生活，来证明自己在对方心中的重要性；而另一方则会因个人空间与自由被剥夺，逐渐产生窒息感。在这种相处模式下，双方都会觉得自己没有得到真正的爱，同时又无法真正理解对方的感受，最终导致关系陷入恶性循环。

恋爱清醒指南

爱情最深的误区，不是爱得不够，而是用错了方式。许多人以为只要付出真心，就能换来对方的回应，但真正的爱并不是单方面的努力，而是基于理解与尊重的情感流动。爱一个人，不是为了满足自己的成就感，而是去聆听对方的需求，尊重对方的节奏。

- **聆听对方的需求，用适合的方式表达爱**

在感情中，不同的人对爱的需求可能大相径庭。有些人需要陪伴，有些人则需要更多独处的空间。我们可以通过真诚的沟通去了解对方的内心，避免用自己的方式去衡量对方的需求。比如，在日常互动中主动询问："我怎么做，更能让你感到被支持？"这样既可以让对方感受到你的关注，也能避免让"爱"变成一种无形的负担。

- **尊重伴侣的界限，给予其足够的空间**

在亲密关系中，过度关注或干涉对方的生活，往往会让对方产生被压迫的感觉，所以要学会区分"关心"和"掌控"的界限。比如，如果对方对某些事情表现出不愿分享的态度，那么就可以主动退一步，表达理解："我尊重你的选择，如果有需要，我随时都在。"

- **随着关系的变化调整爱的方式**

爱情不是一成不变的，它需要随着时间的流逝和生活环境的变化而不断调整。比如，当伴侣的生活节奏发生变化时，可以主动观察并适应这些转变，支持对方的新目标或一起探索新的相处方式。要避免停留在旧的模式中，比如总说"以前我们总是这么做"。

恋爱中的两人，价值匹配才能长期合作

爱情案例

陈屹刚和周莉在一起的时候，对周莉呵护备至，周莉也十分享受他的体贴与关怀。渐渐地，她习惯了被照顾，而对陈屹的需求关心甚少。

两人相处一段时间后，矛盾渐渐显露了出来。陈屹发现，周莉对两人生活的参与度极低：约会计划总是由他安排，旅行费用总是全部由他负担，就连家务、缴费等生活琐事也都是他在操持，而周莉更多的是一副心安理得的“被服务”的姿态。这种相处模式让陈屹十分疲惫，他曾几次提出让周莉也承担一些，可周莉只是嘴上答应，并没有任何改变。

一次聚会上，周莉向朋友炫耀陈屹为她安排的生日旅行如何贴心周到。朋友问她如何回报，她笑着回答：“女生被宠爱是应该的呀。”这句话刺痛了陈屹，让他意识到，在这段关系中，自己一直在单方面付出，而周莉却从未投入等量的精力。即便他不要求对方的回报与自己的付出完全对等，但长期的失衡也难免让他感到自己只是一个“服务方”。

最令陈屹心寒的一次，是两人一起看房子。那天，他兴奋地带周莉去挑选未来的家，却遭到了周莉毫不留情的否定：“这些房子面积都太小了，以后怎么住啊？”陈屹解释说以自己的预算只能看这些房子，而且两室一厅也不算小。周莉不满地撇撇嘴：“我梦想中的家必须有一个大大的衣帽间，两室一厅根本不够。你还是多努力努力，换份更好的工作，再谈买房的事吧。”那一刻，陈屹清楚地意识到，周莉从未将他们视作一个整体，而是将他视为满足自己需求的工具。

后来，陈屹向朋友倾诉，对方的一句话点醒了他：“她一直提要求，你却一直帮她实现目标。你愿意这样过一辈子吗？”陈屹没有回答，但内心已有了答案。

爱的底层逻辑

爱情中确实存在某种程度的合作逻辑。一方提出需求，另一方回应满足，这种互动在恋爱初期常常显得自然而和谐。然而，当一方的需求越来越多，而另一方的付出变成“义务”时，恋爱关系便不再平等，而是成为一场不对等的合作——一方无尽索取，一方被压榨到无以为继。

爱情本应基于双方的共同投入，而非单方面的消耗与承担。如果一方始终只关注自己的需求，将对方的努力视为理所当然，就会逐渐削弱对方的存在价值。这会让付出者感到很疲惫。

更深层次的危机在于，单向付出的关系注定会引发失衡。索取者过于关注自我利益，而忽略了情感的双向参与；付出者则长期承压，在情感需求被忽视时逐渐陷入疲惫和自我否定的困境。即便两人维持着表面的和谐，但双方的心理失衡终会引发不可避免的矛盾。真正长久的爱情，是价值匹配的两人的双向奔赴，是两个人共同成长，找到彼此的价值和意义。

恋爱清醒指南

爱情就像一场合作，一方给予温暖与关怀，另一方回馈支持与理解。只有双方共同努力，让彼此的价值在关系中得以平等体现，这段关系才能持续健康地发展。如果一方长期单向付出，而另一方却习惯索取，那么感情终会走向瓦解。

- **平等沟通，明确关系中的需求与责任**

打破单方面付出的局面，首先要直面问题，通过平等的沟通重新定义双方在关系中的角色与责任。可以用非指责的语气清晰地表达感受，比如：“我觉得自己在很多方面付出更多，希望能感受到你的支持。”同时，可以引导对方参与更多责任，比如提出具体的行动建议：“周末的事情可以由你来安排，这样我们能更均衡些。”

- **借助实际行动，重新建立角色认同**

在恋爱中长期被动的一方，往往需要外部的行动来打破惯性。比如，明确划分责任或设置阶段性目标，可以帮助双方重塑互动模式。可以提出一起完成具体任务的计划，如“下次旅行由你来负责筹备”或“家务我们按照日程分工”。这样的安排不仅能让对方参与关系的建设，也能通过实际行动重新分配彼此的角色与价值感，避免一方持续消耗另一方的付出。

- **设定底线，必要时调整关系模式**

如果沟通和行动都无法打破现有局面，那么建议设定明确的情感底线。可以明确告诉对方，这段关系对你而言需要哪些改变才能继续下去，同时让对方减少过度依赖，主动调整自己在关系中的投入，如减少过度迎合的行为，停止不必要的付出。

不用谁来养，自己养自己才最安全

爱情案例

周琪和蒋辉曾经是一对令人羡慕的情侣。大学毕业后，他们携手步入婚姻殿堂，起初都在职场上努力打拼。随着孩子的降生，家庭琐事日益增多，周琪在丈夫的劝说下，毅然辞去了前景不错的工作，成为一名全职太太，全心全意照顾家庭。

起初，一切都如周琪所期待的那样美好。她精心打理着家中的大小事务，每天早起为丈夫和孩子准备营养丰盛的早餐，送孩子上学后便开始打扫卫生、采购生活用品，把家里布置得温馨舒适。丈夫下班回家，总能看到整洁的房间、热气腾腾的饭菜和可爱的孩子。晚餐时，一家人围坐在餐桌边，房间里充满了欢声笑语，这让周琪觉得无比幸福和满足，认为自己的付出都是值得的。

然而，随着时间的推移，家庭的经济压力逐渐显现出来，蒋辉也开始把职场上的负面情绪发泄到周琪身上。他总是强调家里的每一分钱都来之不易，并开始频繁抱怨周琪不会挣钱，只会花钱。这让周琪在花钱时总是小心翼翼，甚至连给自己买一件新衣服都要思前想后。周琪心中委屈，但是一想到丈夫工作辛苦，便选择默默忍受，试图通过更加精打细算地过日子来缓解丈夫的压力。

可是，蒋辉不但没有因为周琪的隐忍而改变，反而对女同事小冉产生了不该有的感情。小冉年轻漂亮、独立自信，与在家中默默付出、逐渐失去光彩的周琪形成了鲜明对比。蒋辉对小冉越来越痴迷，开始频繁地加班、出差。随着接触的增多，两个人开启了一段见不得光的婚外情。

周琪渐渐察觉到了丈夫的异样。她发现丈夫回家的时间越来越晚，对自己和孩子也越来越冷淡，手机总是不离手，还时常背着她接听电话。经过一番调查，她最终证实了丈夫的出轨行为。那一刻，周琪感觉自己的世界崩塌了。她质问蒋辉，没想到蒋辉承认得非常痛快："你如果不闹，我们就还和以前一样好好过日子，就当什么都没有发生过。你如果要闹，那我们就一拍两散，我看你拿什么养活自己！"

蒋辉的话深深刺痛了周琪。经历了一番挣扎后，她决定离婚，走出一条属于自己的路。离婚后，她重新进入职场，虽然最初的困难让她几度想要放弃，但她都咬牙坚持了下来，不断学习新的技能，努力提高自己。渐渐地，她不仅在经济上变得独立，还找回了对生活的掌控感。她学会了理财，开始关注自己的健康和兴趣，社交圈也逐渐扩大。虽然她依然渴望爱情，但不再急于依赖感情来填补内心的空虚。她明白，真正的安全感不应该来自他人，而是来自自己的独立与成长。

爱的底层逻辑

周琪听从丈夫的建议辞掉工作，把全部精力投入家庭事务中，期望通过营造温馨的家庭环境来实现自我价值和婚姻幸福，而忽视了在家庭经济结构中保持独立地位的重要性。在家庭关系中，掌控经济资源的一方往往拥有更大的权力，比如蒋辉作为家庭经济的支柱，就在家庭决策和夫妻关系中占据主导地位。周琪则相反，因为失去经济来源而陷入了被动和依赖的境地。这种不平等的关系，为婚姻出现危机埋下了伏笔。

面对丈夫出轨的沉重打击，周琪决定离婚并重新进入职场，这一过程是她自我救赎和个人成长的关键。在取得经济上的独立后，她进一步拓展自己的生活领域，满足了自己在社交和自我实现等更高层次上的需求，逐渐摆脱了对婚姻和他人的过度依赖，重新找回了对生活的掌控感和自信，实现了从传统家庭主妇向独立现代女性的转变。

在现代社会，依赖他人，尤其是经济上的依赖，就如同把自己命运的缰绳交到他人手中，从此只能跟随他人的步伐前行，而渐渐失去了自己原本的方向和节奏。摆脱经济依赖的束缚，努力追求经济独立和自我价值的实现，是每个人走向成熟、自由和幸福生活的必经之路。只有凭借自己的双手和智慧去创造财富、掌控生活，才能挺直脊背，勇敢绽放出属于自己的独特光彩。

恋爱清醒指南

无论是男性还是女性，在婚姻中都应保持一定的经济独立能力，这不仅有助于减轻家庭的经济压力，还能在婚姻关系中赋予个体独立的人格和话语权，减少因经济因素而引发的家庭矛盾和权力失衡，为婚姻的稳定提供坚实保障。

- **树立独立意识**

无论是婚前还是婚后，每个人都应明确意识到经济独立对自身的重要性，不能将生活的全部重心和期望都寄托在伴侣身上。比如周琪在婚姻初期就应认识到，即使为了家庭暂时放弃工作，也需要通过持续学习来提升自己，以便随时能够重返职场，维持自己的经济独立能力，避免陷入被动依赖的局面。

- **培养自我价值认知**

要清楚地知道自己的价值不仅仅体现在家庭角色上，还包括个人的职业成就、兴趣爱好、社交圈子等多个方面。不能因为家庭事务而放弃自己原本的追求，应在双方都承担家庭责任的前提下，持续发展自己的特长和潜力，寻找自我价值的多元化体现，从而增强自信心和独立意识。

事业与爱情不是选择题，而是并行线

爱情案例

周瑾在一家颇具规模的广告公司担任创意策划，因为行业竞争激烈，所以他的工作十分忙碌。他的女友苏淼是一名小学教师，工作稳定且对学生充满爱心。两人感情深厚，已经到了谈婚论嫁的阶段。

然而，周瑾所在的公司有一个难得的晋升机会，需要他前往总部参加为期一年的高强度培训，之后很有可能会被派往海外分公司负责重要项目。对他来说，这是职业道路上梦寐以求的机遇，可是如果选择参加培训，就意味着要和苏淼分隔两地至少一年。而苏淼此时也面临着一个关键时期，那就是她所带的班级即将升入毕业班，学校希望她能继续带班，为学生们的升学助力。

面对这种情况，周瑾陷入了两难，一方面是能让自己事业腾飞的晋升机会，另一方面是与苏淼多年的感情以及即将到来的婚姻生活。他深知如果选择事业，远距离恋爱会给他们的感情带来巨大的挑战；但如果选择爱情，放弃这次晋升，自己日后或许会心生遗憾。

经过深思熟虑，周瑾和苏淼进行了坦诚的沟通。他们共同制订了一个计划：在周瑾外出培训期间，两个人每天都要在固定的时间视频通话，分享各自的生活和工作，遇到问题要共同商量解决。每逢节假日，周瑾就回到家乡和苏淼团聚，或者苏淼利用假期去看望周瑾。同时，周瑾利用自己在广告行业的资源，帮助苏淼所在的班级策划了一系列有创意的课外学习活动，既丰富了学生的课余生活，也让苏淼在学校的工作更加出色，获得了领导和家长的赞誉。

一年后，周瑾凭借出色的表现顺利晋升，并且因他在培训期间取得了杰出的成果，公司同意他在国内的一个重要区域负责项目，无须前往海外。而苏淼也成功带领班级学生取得优异的升学成绩，在学校站稳了脚跟。他们在事业上都有所成就，感情也在共同克服困难的过程中愈发坚定，不久后如期步入婚姻殿堂，开启了幸福的新生活。

爱的底层逻辑

事业与爱情并不是对立的，而是两条可以并行的轨道：事业提供给个体价值感与成长的土壤，而爱情给予个体精神的支持和心灵的滋养。如果一方完全取代另一方，那么个体的完整性就会被削弱，幸福也会随之失衡。

个体在社会中扮演着多种角色，案例中的周瑾既是追求晋升的员工，又是苏淼的恋人；苏淼既是敬业的教师，又是周瑾的伴侣。在面临事业与爱情的冲突时，他们没有简单地放弃其中一个角色所对应的领域，而是积极寻求整合与平衡，在分居两地的情况下依然履行着恋人相互陪伴、支持的角色责任。这表明个体可以通过合理的规划与协调，跨越地域的限制，在不同的生活场景中成功演绎多种社会角色，从而实现事业与爱情的并行发展。

恋爱清醒指南

在理想的恋爱关系中，爱情与事业不应是非此即彼的选择，而是可以并行发展。当爱情和事业发生冲突时，双方应共同面对，互相成为对方实现目标的助力，共同构筑起幸福美满、充实丰富的生活。

- **及时与伴侣进行有效沟通**

想要平衡爱情与事业，沟通是关键。情侣或夫妻双方应定期进行深度交流，分享各自在事业上的目标、规划以及面临的压力和挑战，同时也要坦诚地表达在爱情中的情感需求和期望。比如每周安排一个固定的“谈心时间”，在这个时间里，只专注于倾听和倾诉，不被外界干扰。通过这样的沟通，能让彼此更加理解对方的处境，避免因误解而产生矛盾，也能在事业发展上相互支持，使事业与爱情相互促进，而不是互为阻碍。

- **合理分配时间和精力**

制订详细的每日或每周计划，将工作时间、陪伴爱人的时间、休闲时间等明确划分出来。比如，每天下班后预留一到两个小时作为专属的“二人时光”，可以一起做饭、看电影或者散步聊天，在这段时间里全身心投入，不被工作打扰。同时，上班时间要避免拖延，确保在工作时间内高效完成任务，这样就能为爱情腾出更多的优质时间，让二人都能得到充分的滋养，而不会因为时间和精力分配不均产生冲突。

- **相互支持，才能共同进步**

在事业上，当对方遇到困难时，要给予充分的鼓励和实际的帮助。比如，帮忙收集资料、提供创意或者分担一些力所能及的工作事务。在爱情中，尊重对方的个人空间和兴趣爱好，不强行干涉对方的生活节奏和选择。比如，一方喜欢阅读，另一方可以帮忙挑选书籍或者营造安静的阅读氛围。另外，在对方因事业而不得不暂时减少陪伴时间时，要给予理解和包容，让对方没有后顾之忧，从而使事业和爱情在相互扶持下稳步前行，达到平衡的状态。

控制占有欲，不是所有异性都是情敌

爱情案例

秦晚是一个敏感、自卑的女孩，习惯将所有的情感寄托都放在男友陈越身上，仿佛他是她唯一的支柱。她总觉得，生活只有和陈越在一起才完整。每一天的琐事，从下班后吃什么，到偶尔的情绪小波动，她都习惯跟陈越分享。

陈越是一个温和理性的人，对秦晚关怀备至。每次她心情不好，他都会用体贴的话语和实际行动来安慰她，比如给她买她最爱吃的甜点、陪她散步等。但是，正因为陈越如此温柔，秦晚对他的依赖越来越深，甚至到了没有他就会感到失落和不安的地步。后来，她开始过度解读陈越的每个细节，尤其是当陈越没有立刻回复她的消息时，她就会不由自主地猜测：难道他在和别的女孩待在一起？

有一次，秦晚无意中看到陈越和一个女同事一起加班的照片。尽管照片只是普通的工作场景，她却感到莫名的不安，对这个女同事产生了强烈的敌意。她试探性地问陈越："你是不是经常和这个女的一起加班？她好像对你挺有意思的。"陈越微笑着解释："我们只是同事，没什么特别的。"可是，秦晚并没有完全放下心中的疑虑，反而开始频繁关注两人的互动，甚至通过社交媒体寻找蛛丝马迹。

随着时间的推移，秦晚的疑心病越来越重，怀疑的对象越来越多。只要看到陈越和任何女性交流，她都会感到焦虑，认为自己被忽视了，甚至开始怀疑自己在陈越心中到底重不重要。她开始觉得，每个异性都可能是带着目的接近陈越，而陈越随时都有可能被抢走。

有一次，两人约好了去看电影，但因为陈越要加班而临时取消了。尽管在电话里，陈越耐心地解释了为什么需要加班、一起加班的都有哪些同事以及要加班多久，还诚恳地向秦晚道歉，并表示一定会补偿她。可是，秦晚还是情绪失控地哭道："你是不是又和那个女的在一起？我在你心里到底算什么？"陈越愣了一下，沉默片刻后平静地说道："晚晚，你不能把每个和我接触的女生都当成敌人，这样我们都很累。"

这句话让秦晚突然清醒过来。她意识到，自己并不是不信任陈越，而是因为自卑和过度依赖，导致想要完全占有陈越，所以看谁都像情敌。这次事件后，秦晚主动和陈越沟通了自己的问题，并决定找回曾经那个兴趣广泛的自己，同时给予陈越足够的信任和空间，而陈越也表示会帮助她一起建立自信，构筑强大的内心。

爱的底层逻辑

占有欲并非源于爱，而是源于不够自信。在一段关系中，如果一方对自己的吸引力和重要性缺乏信心，就会产生极大的不安全感，而把伴侣视为唯一的情感寄托。在这种重度依赖伴侣的心态下，个体会试图通过完全占有伴侣来确保关系稳固，所以任何接近伴侣的异性都会被视为潜在的情敌。

但是，这种行为不仅不能带来真正的安全感，反而会因过度干涉和怀疑导致关系紧张。这种情况如果得不到改善，那么在一次又一次的被质疑和解释中，伴侣就会感到疲惫、压抑，甚至选择离开。

恋爱清醒指南

在感情中，给予对方独立的空间非常重要。爱情固然具有唯一性和排他性，但不代表一方可以完全占有另一方。只有在个体独立的前提下建立起来的爱情，才能更健康、持久。当然，这需要我们重塑自信，学会尊重和理性沟通。

- **识别占有欲的根源，直面内心的不安**

占有欲常常源于对自己价值缺乏认同和对关系不稳定性的恐惧。当你发现自己过度关注伴侣的行为时，首先要停下来问自己："我为什么会产生这些情绪？这背后是否隐藏着对自己不够优秀的担忧？"勇敢面对这些问题并梳理清楚，分析哪些问题有现实依据，哪些问题只是自己无端的臆想，然后及时调整自己的心态。

- **尊重彼此的独立性，给予对方空间**

占有欲常表现为对伴侣行为的干涉和监控，这种行为会给对方带来压力，给恋爱关系埋下隐患。健康的恋爱关系需要给予彼此独立的空间，接纳对方的独立性，尊重其隐私与选择。所以试着放手，给对方足够的空间去发展个人兴趣、维持朋友关系，不要让疑虑和猜测主导感情。信任是一种选择，即便内心仍有疑虑，也可以用冷静的沟通取代猜忌。

- **恢复自我，平衡情感需求**

占有欲的另一个根源是过度依赖伴侣，忽视了自身的独立性和成长。当我们把所有的情感都寄托在伴侣身上时，就容易失去安全感，同时也让关系失去平衡。想重新找回自我，可以通过培养个人兴趣、设立职业目标或扩大社交圈来丰富自己的生活。当你拥有更多的生活内容和个人成就感时，对伴侣的关注就变得更加理性和健康。

任性不讨喜：情绪只会制造疏离，不能解决问题

负面情绪往往是内心未解的焦虑和不安的反映，而任性的情绪宣泄，虽然暂时释放了压力，却常常加深了与伴侣的隔阂。真正的成熟与智慧，是在冲突中保持冷静，用理性的方式共同寻找解决问题的办法，而非让情绪主导一切。

每一道两难选择题，都是在考验人的忍耐力

爱情案例

李然觉得近来蔡雯越发任性，让他头疼不已。这天，他工作实在太忙，没有时间提前安排给蔡雯庆祝生日。当晚，蔡雯冲着李然喊道：“你就因为工作把我晾在这儿，是不是在你心里，工作比我重要得多？”李然试图让蔡雯平复情绪，说道：“这个问题没什么意义呀，工作中难免有不得已的情况，但不代表你不重要。”没想到蔡雯更加激动了，叫嚷着：“怎么，你觉得我在无理取闹？那你就跟你的工作过吧！”

望着蔡雯哭红的双眼，李然头一回有些不知所措，但仍然尝试理性沟通：“你清楚我有多忙，可你也明白我是爱你的。”蔡雯却用更尖锐的语气反问：“可是连这点儿小事你都不上心，拿什么证明你爱我？”李然发现说不通，有些生气了：“就算我说你比工作重要又能怎样？该忙的时候还不是一样得忙，你以为我喜欢加班吗？”

此后每次争吵，蔡雯都会抛出类似的问题，不断试探李然的耐心和忠诚度，还把情绪无限放大。比如有一回，两人计划出去旅游，不巧李然的妈妈生病了，情况有些严重，李然想回家看看，就跟蔡雯商量推迟旅游。蔡雯却不同意，两个人又吵了起来。争吵过程中，蔡雯激动地问李然：“如果我和你妈同时掉进水里，你会先救谁？”李然冷冷地说：“我拒绝回答这种无理的问题。”最后，李然选择回家，而蔡雯一气之下取消了旅游计划。

日子就这样在争吵与冷战中循环往复，李然的耐心被一点点消磨。终于，在又一次激烈的争吵后，李然疲惫地看着蔡雯：“我累了，真的累了。这样的日子我不想再继续下去，我们分开吧。”蔡雯听到这句话，整个人呆住了，她

已经习惯了李然的包容，从没想过李然会提出分手。可李然心意已决，转身离开，留下蔡雯独自面对感情的残局。

爱的底层逻辑

蔡雯和李然在相处过程中频繁陷入冲突情境，这些冲突往往以两难选择的形式呈现。面对这些冲突，李然试图理性沟通，蔡雯却选择频繁提出极端情绪化的两难问题。蔡雯这样做，并不是在寻求解决问题的方法，而是在发泄内心的不安和情感需求没被满足的不满。李然作为蔡雯负面情绪的承受者，心理压力持续增大，忍耐力也在长期的、反复的两难情境考验下逐渐被消磨殆尽。

在亲密关系中，人们总是渴望成为对方心中最重要、最优先被考虑的对象，以此来确认自己被爱和被珍视的程度。但是，当这种渴望变得极端，并外化为假设的两难情境抛给对方时，就会给对方造成巨大的压力。

恋爱清醒指南

在健康的情感关系中，双方都应重视有效的沟通和情感需求的合理表达，共同探索如何在爱情和其他事务之间找到平衡，构建更加稳定、和谐的亲密关系模式。

- **建立深度沟通机制**

关系双方应定期安排专门的沟通时间，创造一个安全、开放的沟通环境，让彼此能够坦诚地表达内心的感受、担忧和期望。比如，可以每周设定一个“心灵交流夜”，在这个时间段里，放下手机，排除其他干扰，专注于倾听和分享。当这类两难问题出现时，不是急于回答，而是深入探讨提问者背后的情感需求，如害怕被忽视、渴望被重视等。真诚的对话能增进彼此的理解，减少因误解而导致的矛盾。

- **提升情感安全感**

被提问者可以通过日常的小举动，如送花、写情书、记住重要纪念日等，向对方表达爱意和关心，给予对方足够的安全感。提问者也要学会自我肯定，正确认知自我价值，培养独立的兴趣爱好和社交圈子，减少对单一情感来源的过度依赖，增强自身的安全感和自信心，从而降低通过极端问题来寻求确认的冲动。

- **反思情绪模式，找到更好的表达方式**

定期反思自己的情绪表达方式，分析其效果，尝试用更健康的方式与对方互动。比如，关注对方的反应，在表达自己情绪的同时尝试与对方共情，通过寻找双方都能接受的解决方案来缓和冲突。情绪的表达本应是为了建立情感联系，而非加重双方的负担。通过不断调整表达方式，可以让关系更加和谐、稳固。

分手说多了，感情的“余额”早晚清零

爱情案例

俞珊和男友许航相恋三年，在这期间，“分手”二字几乎成了她的口头禅。无论是点外卖时意见相左，还是对方遗忘了某个小的纪念日，俞珊都会不假思索地抛出“那我们分手吧”这句话，并以此作为终结争吵的撒手锏。

起初，许航会紧张地哄她：“宝贝，别生气了，是我不好，好不好？”然后赶紧订她最爱吃的蛋糕，或者带她去看一场电影，用尽各种心思来安抚她

的情绪。而每当俞珊看到许航低头认错的模样，内心便会涌起一股得意之情，仿佛这段感情的主导权已被她稳稳地握在手中。

然而，随着俞珊说“分手”的次数越来越多，许航哄她的次数却越来越少。争吵时，他开始沉默，不再急切地解释，也不再奋力挽回，只是淡淡地看着俞珊说：“你先冷静一下吧。”这让俞珊愈发觉得委屈和愤怒，她拔高声调，尖刻地指责：“你根本就不在乎我！不然怎么能这么冷静？”

有一回，许航出差回来，因为忘记给俞珊带礼物，俞珊顿时火冒三丈，赌气说道：“看来在你心里，我一点儿都不重要，那我们分手吧！”说完，她习惯性地等着许航像以前那样哄自己。但是这次，许航只是低声回了一句：“好吧，如果你觉得这是最好的决定。”

俞珊一下子愣住了，许航的反应完全出乎她的意料。他第一次没有挽留她，他的平静让她觉得格外陌生。那一刻，一种前所未有的恐惧悄然爬上俞珊的心头，但骄傲的自尊心作祟，她硬是冷冷地抛下一句：“既然你同意了，那就这样吧。”许航没有再说什么，而是默默收拾了几件衣服，然后转身离开，轻轻地带上了门。

接下来的几天，俞珊满心期待着许航能主动联系自己，像从前那样化解自己的怒火。可是她左等右等，始终没有等来他的消息。她忍不住去翻看许航的朋友圈，只见他更新了一张和朋友打篮球的照片，照片里的他笑容灿烂，丝毫看不出受到分手的影响。俞珊只觉胸口像被什么东西堵住了，她一次次打开微信，手指在屏幕上悬停许久，却始终不肯放下姿态主动联系许航。

终于，在一个寂静的深夜，俞珊再也忍不住，发了一条信息给许航：“我其实不是真的想分手。”许航的回复很快传来，简短的几个字却让她的心凉了半截：“我知道。但我累了。”

爱的底层逻辑

在亲密关系中，“分手”是极具威胁性的词汇。它像是无形的武器，每一次轻易地说出口，都是在试探伴侣的耐心和情感底线。案例中，俞珊的“分手威胁”看似是为了引起许航的重视，但实质却是一剂消耗感情的慢性毒药。

在一段健康的关系中，信任和亲密感如同一座逐步建成的桥梁。而“分手”这两个字就像一把锤子，每一次挥动都会在无形中破坏桥梁的稳定性。次数越多，桥梁越脆弱，直到某一天完全崩塌。

恋爱清醒指南

在爱情中，威胁和情绪化的语言并不能解决问题，反而会让关系陷入越来越艰难的处境。那些把“分手”当成口头禅的人，其实是试图掌控局面或者试探对方的心意，殊不知这种行为只会把伴侣越推越远。感情不是交易，也不是一方对另一方的操控游戏，它需要双方共同经营与呵护，才能保持平衡。一旦平衡被打破，关系就往往难以恢复了。

- **冷静下来，避免冲动发言**

在情绪失控时，首先要让自己冷静下来，避免直接说出威胁性的语言。深呼吸、离开当前情境或暂时停止争执，都是有效的方法。可以问自己：“我是真的想分手，还是只是在发泄情绪？”通过这样的自问，可以看清内心的真实需求，让理性回归，避免一时冲动造成不可挽回的伤害。

- **转化情绪，用清晰的语言表达感受**

冲动之下抛出的分手威胁往往是一种情绪化的表达，可以试着将其转化为具体的感受，比如：“我对这件事很失望，因为我觉得自己的需求没有被看到。”这样既能使对方清楚地了解你的内心所想，又能避免“分手威胁”导致矛盾升级。在一段恋爱关系中，健康、有效的沟通是解决问题的关键，它能有效避免关系因情绪化的对抗而陷入僵局。

- **自我觉察并调整心态**

情绪冲动下的“分手式”威胁，往往源于对感情的过度依赖，试图借“分手”胁迫对方回应以获得安全感。然而，如果长期采用这种方式，最终会让恋爱关系变得更加脆弱。想改变这种不健康的模式，首先要找到内心不安与过度需求的根源；其次要努力调整心态，学会独立与自信，以更健康的方式经营感情，重建稳定亲密的关系纽带。

所谓“不将就”，不过是自以为是过了头

爱情案例

嘉怡面容清丽，在一家杂志社担任编辑，她对爱情秉持着“不将就”的态度，而这背后，是近乎严苛的高标准。她理想中的男友，必须身材挺拔、仪表堂堂；要毕业于名校，有一份体面且高薪的工作；还得精通文学艺术，能陪她在慵懒的午后探讨尼采和叔本华；性格要沉稳内敛却又不失风趣幽默。

一次，嘉怡经朋友介绍认识了王轩。王轩相貌俊朗，身高一米八五，毕业于一所重点大学，在一家颇具规模的企业担任中层管理，家境也算优渥，平时爱好阅读，对文学艺术有一定的见解。初次见面，他们对彼此的印象都不错，于是开始交往。

起初，他们的恋爱十分甜蜜。王轩会在约会时精心挑选文艺氛围浓厚的场所；会熬夜读完嘉怡推荐的书籍，只为能和她畅快交流。嘉怡感到十分幸福，可仍觉得王轩有一个不足之处，那就是职位不够高，所以经常督促王轩努力晋升。

然而，当王轩终于晋升后，两人却开始有了矛盾。原来晋升后，王轩的

工作压力陡然增大，经常加班、出差，陪伴嘉怡的时间越来越少。嘉怡开始不满，指责王轩眼里只有工作。王轩疲惫地解释，嘉怡却认为是借口。她不断拿心中的“高标准”男友形象和王轩对比，觉得他在各个方面都有不足。

一次，王轩为了拿下一个重要项目，连续一周每天工作超过十五个小时。项目结束后，他带着憔悴的面容和精心准备的礼物去找嘉怡，换来的却是嘉怡的冷脸和数落。这一次，王轩没有再解释，而是默默转身离开。嘉怡没有挽留，她觉得“不将就”是对爱情的尊重，坚信王轩过不了几天就会回来向自己道歉。可日子一天天过去，王轩再也没有出现，最后只发来一句话：“我们分手吧。”

嘉怡又恢复了单身，在之后的相亲或交友中，她发现那些看似符合条件的人，相处起来总觉得缺了点儿什么。回首往事，她才意识到，自己在爱情上的“不将就”，不过是沉浸在自我幻想中的自以为是，那些不切实际的要求就如同枷锁，不仅锁住了别人，也让自己错失了真正的爱情。

爱的底层逻辑

“不将就”本应是一种对感情真诚而理性的追求，旨在寻找适合自己的伴侣，建立健康的恋爱关系。然而，当“不将就”被滥用时，它就成了自以为是的借口。

在恋爱关系中，所谓的“不将就”常常是自以为是的体现，源于对爱情不切实际的幻想。“不将就”的人并没有推动恋爱关系良性发展，而是把自己的幻想强加给对方，期望对方按照自己设定的模式和步调行事。在这种模式下，提要求的一方往往不顾彼此的差异和各自的独特性，只关注自己对完美恋情的主观期待，却忽略了对方真实的情感需求。

这种“不将就”并非来自双方的平等协商与共识，而是源自单方面的苛刻要求和情感操控。持有这种观念的人，会觉得自己有权力要求对方在各个方面都契合自己的理想标准，一旦对方出现任何不符之处，就难以接受。长此以往，这种过度的期望会不断损耗双方的情感精力，使得双方陷入疲惫与疏离的困境，最终往往只能走向分手。

恋爱清醒指南

设定合理的标准是避免自以为是的关键，它要求我们在情感中保持理性，既能表达自己的需求，又不对对方设定过高的要求。要避免自以为是，首先要看清自己，了解自己真实的情感需求，并通过调整自己的期待来建立更加平衡和健康的关系。

● 自我反思与认知调整

如果发现自己陷入了“不将就”的误区，就要进行深刻的自我反思，意识到自己对爱情的过度理想化是不合理的。要明白每个人都是独立且独特的个体，爱情不是寻找完全符合自己幻想的人，而是与一个真实且有差异的人相互磨合、共同成长。通过回顾过往感情经历中的矛盾点，分析自己的行为和想法，重新审视自己内心真正需要的是什么，及时调整对爱情的认知，放下那些不切实际的幻想，便能以更加开放和包容的心态去对待恋爱关系。

● 建立有效的沟通机制

在恋爱中，双方应建立平等、有效的沟通机制。当一方有想法或需求时，不能单方面强加给对方，而是要坦诚地交流，倾听对方的观点和感受。比如，每周安排固定的时间进行深度沟通，分享近期的工作压力、生活烦恼以及对感情的期望，避免因误解和猜测导致矛盾积累。在沟通中，要尊重对方的意见，共同探讨如何在满足双方基本需求的基础上，找到适合两个人的相处模式，而不能因自己所谓的“不将就”而忽视对方的意愿。

- **学会接纳与包容**

恋爱双方都要学会接纳彼此的不完美，包容对方的缺点和不足。当出现分歧时，不要急于指责或要求对方改变，而应尝试从对方的角度去理解事情的原因和背后的情感因素。比如，一方可能因工作忙碌而减少陪伴时间，另一方应理解其事业发展的重要性，同时共同寻找平衡工作与生活的方法。相互接纳和包容有助于营造温暖、安全的恋爱环境，让感情在理解和支持中稳固发展。

“爱我就把我宠成小公主”，谁愿做奴仆

爱情案例

李安安自小在家人无微不至的宠爱中长大，形成了以自我为中心的性格，这种性格在她恋爱之后愈发明显。在安安的认知里，宠溺是爱的直接体现，所以她理所当然地认为男友就应当无条件包容她的所有情绪。

安安的男友周凯是一个性格温和的人。两人刚开始交往时，周凯对她宠溺有加：安安说想吃蛋糕，不管时间多晚，他都会不辞辛劳地把蛋糕送到她的住处；安安心血来潮想去海边看日出，他强忍头一天加班到凌晨的疲惫，开几个小时的车带她去；每次安安因心情不好而乱发脾气时，他总会耐心地给予安慰，甚至不惜主动把过错都揽到自己身上。对此，安安感到无比幸福，她常常满脸自豪地对朋友说：“他对我可真好，特别宠我。”朋友劝她不要那么任性，时间久了人都会累的。她却说：“他既然爱我，那就得包容我。”

有一回，安安和周凯去度假，因为周凯订的酒店和安安预想的豪华酒店存在差距，安安就在大厅里大声数落酒店的不足，又对着周凯怒气冲冲地埋

怨道："你看看你，订的什么破酒店，实在是太让我失望了！"面对情绪激动的安安，周凯没有说话，只是默默地去协调解决问题。

不久之后，安安又在一次朋友聚会上大发脾气，因为周凯和朋友寒暄，没有及时回应她"想喝水"的需求。那天，安安不仅在众人面前对周凯冷言冷语，还将手中的水杯摔在地上。朋友们面面相觑，气氛瞬间变得十分尴尬。周凯一改往日的平和，格外严肃地对安安说："安安，适可而止吧。"安安呆住了，这是两人相识以来，周凯第一次在公开场合表达对她的不满。

自那天聚会之后，周凯开始有意识地与安安保持距离，两人的关系不再像从前那般亲密无间。安安察觉到了这种变化，十分生气地打电话给周凯，质问他为什么不再像以前那样耐心地哄她、宠她。电话那头，周凯的语气格外平静："一直以来，都是我在迁就你的情绪，我真的很累了。感情不是一场只围着你转的游戏，我也是一个有血有肉、有情感需求的人，我同样渴望得到你的尊重和理解。"

安安听完周凯的这番话后，默默地挂断了电话。那一刻，她的心中突然涌起一股难以言喻的失落感，仿佛有什么重要的东西正在离她而去。

爱的底层逻辑

在亲密关系里，情绪理应是沟通的桥梁，而非压制与操控对方的手段。把"宠爱"错误地理解为"无原则、无底线的纵容"，这无疑忽略了亲密关系中彼此平等以及相互尊重的重要性。在这种不健康的相处模式下，情绪爆发成为一种彰显权力的方式，用来强化"你如果爱我，就得无条件包容我"这种错误观念。这种观念不但会给伴侣带来沉重的心理压力，而且会使亲密关系逐渐失衡。被宠溺的一方会越发频繁地借助情绪来博取关注，包容的一方则会逐渐感到疲惫，失去耐心，直到感情被消耗殆尽。

更为严重的是，习惯用情绪操控伴侣的人往往缺乏解决问题的意识。每一次的任性和抱怨，表面上看似乎只是在发泄情绪，实则是在逃避问题、推卸责任，不仅会让伴侣承受不必要的心理包袱，还会导致真正的问题得不到重视和解决，长此以往，关系的日益疏离便成为无法避免的结局。

恋爱清醒指南

爱情中的宠爱绝非单方面、无原则的宠溺，而是建立在双方相互理解与尊重之上的情感表达。偶尔的任性情绪或许能在短期内换来对方的重视，然而过度依赖这种方式，将会导致情感天平倾斜，让彼此渐行渐远。一段真挚而稳固的感情，应当扎根于对彼此发自内心的尊重与切实有力的支持，而绝非一方对另一方毫无底线的迁就。

- **理解宠爱的本质，摆脱依赖心理**

爱情不是单方面的迁就与纵容，而是在爱中给予关怀和支持，同时坚守原则和底线。在爱情里，我们要明确这一点，不能过分依赖伴侣的宠溺来满足情感需求。想摆脱依赖心理，就要学会独立思考，提高解决问题的能力，以成熟的心态对待感情，与伴侣相互尊重、共同成长，这样才能使爱情更加稳固、长久。

- **换位思考，尊重对方的需求**

爱情里的长久幸福，源于对彼此情感需求的尊重。在任何亲密关系中，绝不能单方面地要求对方毫无底线地付出，而全然不顾及对方的内心感受。应当尝试换位思考，深入体会对方的期望与需求，通过真诚的沟通，找到双方需求的契合点。唯有如此，感情才能如同根基稳固的参天大树，在岁月的风雨中枝繁叶茂。

索要无条件的爱，一开始就走向了末路

爱情案例

林音和周黎在恋爱初期，感情非常甜蜜。林音是一个浪漫的女孩，渴望与爱人分享生活中的一切；周黎则是一个性格温和的人，不仅对林音关怀备至，还经常陪她外出游玩，耐心倾听她的心事，悉心照料她。然而，相处时间久了，林音的情感需求逐渐从简单的关心和陪伴，转变为对周黎的过度依赖，开始向周黎索取“无条件的爱”。

起初，林音要求周黎必须及时回复她的每一条消息，有时周黎因为忙碌而没能做到，她就会焦虑不安，怀疑周黎是不是不在乎自己了，于是指责周黎：“你是不是不爱我了？为什么现在才回我的消息？”不仅如此，林音还经常因为和周黎意见不同而吵架，而且每一次吵架，无论周黎是对是错，她都强硬地要求周黎先低头认错，全然不顾自己的行为是否恰当。

周黎起初总是耐心地包容、安抚林音，觉得这是自己身为男友的分内之事。但是后来，林音的要求越发无理。有一回，林音打算和朋友吃饭，邀请周黎参加，可周黎因为加班无法赴约，林音就立刻生气地说：“既然你这么忙，那以后都别陪我了。你清楚我需要陪伴！”周黎解释说：“我不是不想陪你，但实在是工作忙，走不开。”可林音听不进去，为此和周黎冷战了好几天。

林音不仅在情感上一味地向周黎索取，在生活中也开始让周黎承担所有开销，包括约会、旅行等的全部费用。她知道周黎的经济并不宽裕，但并不觉得这样做有什么不妥，反而自豪地认为，周黎在手头拮据的情况下依然愿意无条件承担所有开销，是爱的证明。朋友劝她不要这样做，她却说：“爱我就不该计较钱。”

林音不知道的是，自己的种种无理要求已经让周黎感到疲惫和压抑，他觉得自己完全没有了个人空间，也感受不到林音对自己的尊重。终于，在一次激烈的争吵后，周黎忍无可忍地提出分手。林音没有想到，自己的过度索取会让感情走向尽头。望着周黎离开的背影，她满心困惑与失落，暗自思忖："我究竟哪里不对？我只是想让他多爱我一点儿啊。"

爱的底层逻辑

在爱情里，一方强求对方毫无保留、不求回报地付出，这种心态通常是对爱过度依赖的结果。实际上，这样的情感需求既不切实际，也难以长久维系。一味期望伴侣时刻满足自己的情感需要，全然不顾对方的感受与个人边界，最终必然导致关系走向破裂。

处于这种状况下的一方，常常觉得自己理当被无条件地宠爱与包容，随时能对伴侣颐指气使，责令伴侣独自承担所有责任和压力。比如，在争吵时强行要求对方无条件认错，或者要求对方即便工作繁忙，也要始终将自己放在首位，予以高度关注。这种依赖型关系表面上以爱为依托，实则会过度损耗伴侣的耐心与情感能量，让伴侣逐渐感到不堪重负。

恋爱清醒指南

如今，随着个人意识的不断觉醒，许多人越发注重自我需求和个人成长。但如果走向极端，过度以自我为中心，就可能使各种关系失去平衡，恋爱尤其如此。当一方时时都将自己的利益放在首位，这种"精致的自我主义"便会对情感联系产生不良影响。

- **培养换位思考的习惯，体会对方的需求**

改变过度关注自我需求的倾向，关键在于培养换位思考的能力。尝试站在对方的角度，去体会对方在特定情形下的感受和需求。当你开始关心对方，努力理解对方的感受时，就能避免在恋爱关系中过于强势，进而更多地去考虑平等互动与相互支持。

- **尝试转变关注焦点，达成相互满足**

在恋爱关系中，如果常常不自觉地优先考虑自己的需求，就容易让对方产生压迫感和疏离感。所以，应尝试将注意力从“我能得到什么”转变为“我们能共同获得什么”。寻求能让双方都满意的解决办法，可以避免单方面索取，从而构建起更为健康和谐的恋爱模式。

冷暴力是把双刃剑，沉默的杀伤力远超想象

爱情案例

孙泽和范雨恋爱后，满心都是对未来的憧憬，事事都为范雨着想。他以为，只要自己足够用心，就能守护好这份感情。但是，相处久了，孙泽开始感到头疼。因为他发现范雨遇到问题时不喜欢沟通，只会冷暴力。

比如有一次，范雨让孙泽倒一杯水，孙泽忙着打游戏，“嗯”了一声就忘了。游戏结束后，他才想起来给范雨倒水，可当他把水递给范雨时，却发现范雨脸色阴沉。他一脸茫然，完全不知道范雨为什么生气。问她原因，她也不肯说。

几天后，两人在家做饭。范雨在切菜，让孙泽帮忙拿调料，结果孙泽因为和同事打电话沟通工作上的事情，没有听到。范雨彻底爆发了，把菜板一扔，转身进了房间，“砰”地关上了门。孙泽着急又茫然地在门外询问：“宝贝，你怎么了？要是我有做错的地方，你告诉我，我一定改。”可范雨在房间

里一声不吭，之后的几天更是一直对孙泽施加冷暴力。

还有一次，孙泽给范雨晾衣服时，忘了使用无痕衣架，导致范雨T恤的肩膀处鼓起了两个小包。范雨发现后，冷着脸质问孙泽：“你怎么能用这个铁衣架给我晾衣服呢？现在这样还怎么穿啊？”孙泽赶紧道歉：“抱歉啊，宝贝，我以前自己用铁衣架习惯了，一时半会儿改不过来，下次一定记住。这件衣服我帮你重洗，好不好？”范雨却无视孙泽伸过来的手，自己拿着衣服进了洗衣房，此后整整两天没有搭理孙泽。

随着时间的推移，范雨的冷暴力行为越来越频繁。孙泽曾试图和范雨沟通这个问题，范雨却认为生气时不想说话是很正常的事，没必要做出改变。渐渐地，孙泽开始焦虑、失眠，工作也受到了影响。

终于，在又一次被范雨冷暴力对待后，孙泽心灰意冷。他看着范雨，平静地说：“我们分手吧，我真的受不了这种相处方式了。”范雨愣住了，试图挽留孙泽，说自己会改。可是，和范雨在一起已经让孙泽有了窒息感，他只想赶紧逃离。

这段原本美好的感情，终究因为范雨的冷暴力而走向了终结。范雨这时才明白，冷暴力是一把双刃剑，不仅会伤害他人，还会伤害自己。只可惜，明白的代价过于沉重。

爱的底层逻辑

在这段关系中，双方的沟通模式存在严重问题。当矛盾产生时，范雨选择实施冷暴力，并认为生气时不理人是正常的，不肯做出改变。这说明在她的认知里，自己的感受和情绪是最重要的，而没有考虑到冷暴力会对伴侣造成伤害。

孙泽在面对冷暴力行为时，一直采取包容和妥协的态度，多次主动道歉，试图解决问题。但是，他这种单方面的努力并没有改变范雨的行为，反而让自己陷入无比痛苦的境地。

长此以往，两人的关系在范雨的冷暴力下逐渐失衡，最终走向破裂。这也表明了在恋爱关系中，正确处理矛盾、积极沟通的重要性。

恋爱清醒指南

冷暴力在恋爱关系中具有极大的杀伤力，它会破坏恋爱双方间的信任，不利于解决问题。想要解决这个问题，恋爱双方都需要做出努力。

- **及时沟通，化解矛盾**

在恋爱中，一旦察觉到对方的不满情绪或出现矛盾，应立刻沟通，避免矛盾升级。比如，“倒水”事件发生后，如果范雨如果能及时表达自己的感受，而不是冷暴力对待，孙泽便能明白问题所在，矛盾也能及时得到解决，不至于恶化。

- **学会情绪管理，控制冷暴力倾向**

容易产生冷暴力行为的一方，要学会控制自己的情绪。生气时，不妨先冷静下来，思考如何用更合适的方式表达情绪。比如，范雨在面对孙泽晾衣服的失误时，可以先深呼吸，告诉自己要理智，然后用温和的语气说出自己的感受和期望，这样既能让对方明白问题所在，又不会伤害感情。

- **正视问题，积极改变**

当伴侣指出自己的冷暴力问题时，要正视而不是逃避。就像范雨，在孙泽提出沟通时，不应固执地认为自己的行为没有问题，而是要反思自己的行为对孙泽造成的伤害，积极寻求改变，学习正确的沟通方式和解决矛盾的方法，这样才能维护好恋爱关系。

相融只是短暂的迷离，边界才是每天必须复盘的课题

在爱情里，两个人亲密无间的时刻往往令人沉醉，仿佛彼此的世界完全重合，心灵紧密相依。不过，这种短暂的甜蜜并非爱情的最终目的。真正长久稳定的感情，建立在尊重和理解彼此边界的基础之上。在日常相处中，不需要双方毫无保留地融为一体，不断复盘和调整彼此的独立性与界限才是必修的课题。

爱是“我们”，也是“我”和“你”

爱情案例

白玫一直觉得，婚姻就是两个人紧紧绑在一起，相互之间没有秘密，什么事都一起做。和吕舟结婚后，她辞去了设计师的工作，一门心思扑在家庭上，操持着各种日常杂务，一心想为吕舟营造一种温暖舒适的家庭氛围。吕舟每次加班到很晚才回家时，白玫都会准备好夜宵等着他；一到节假日，她就会用心安排旅行，做计划的时候总是优先考虑吕舟的喜好。

慢慢地，白玫发现吕舟好像并不完全满意这样的生活。一天晚饭后，吕舟独自坐在沙发上玩手机，白玫端着茶水走过去，轻声问道：“今天工作累不累？”吕舟只是随意地点点头，然后放下手机，叹了口气说：“玫玫，你不用事事都为我操心，也给自己留些时间吧。”白玫听了这话，一下子愣住了，反问道：“我这么尽心尽力地为你付出，难道不好吗？”吕舟皱了皱眉头，没有再搭话。

从这时候起，白玫心里就犯起了嘀咕。她发现吕舟越来越喜欢独处，周末经常自己去爬山或者骑行，而她事先安排好的共同活动，吕舟总是找借口推托。每次白玫想要安排吕舟的时间，吕舟就会显得很不耐烦，和她的交流也越来越少。对此，白玫很不理解，既然是夫妻，就应该共同度过所有的时间，一起分享生活的方方面面，可吕舟为什么总是想和她保持一定的距离呢？

矛盾在一次家庭聚会上彻底爆发了。白玫的父母笑着对吕舟说：“玫玫为了这个家放弃了不少东西，你可要懂得珍惜。”吕舟沉默了一会儿，低声说道：“我很感激她为家庭付出的一切，但是我也希望她能拥有属于自己的生活。”这句话让白玫心里猛地一震，她觉得自己的付出不但没有被认可，反而被误解了，心里满是委屈。

聚会结束后，白玫忍不住和吕舟吵了起来：“你是不是觉得我做得不好，还是你根本不需要我这样全心全意地付出？”吕舟很平静地回答：“玫玫，我们是夫妻，有属于我们共同的生活，但我们首先是独立的两个人。如果你一直围着我转，到最后失去自我的是你，而不是我。”

吕舟的这番话深深刺痛了白玫，她这才意识到，自己把所有的精力都放在吕舟身上，却完全忽略了自己的需求。她开始认真反思，觉得自己不应该仅仅为了对方而活，更不能为了爱情而放弃自我。她发现自己陷入了一种“恋爱脑”的状态，错把爱情当成了生活的全部，却没有明白真正健康的爱情应该建立在两个人平等的基础上，共同成长、共同进步。

于是，白玫决定做出改变。她开始规划自己的时间，重拾以前的兴趣爱好，重新联系以前的朋友，还报名参加了瑜伽班。她对吕舟说：“我现在开始做一些自己喜欢的事了，你不用担心，我也需要有属于自己的空间。”吕舟看到白玫的这些变化，不但没有不高兴，反而更加欣赏她的独立和自信，两个人也逐渐找回了从前的恩爱与甜蜜。

爱的底层逻辑

亲密关系里出现矛盾，常常是因为双方对“我们”以及“我”和“你”的关系有着不一样的理解。其中一方或许觉得，爱就是毫无保留地全身心投入，要与对方完全融为一体；而另一方或许认为在彼此亲密联结的同时，还得维持个人的独立性。如果这种认知上的差异没有被察觉并加以调和，那就很容易导致感情失衡。

过度追求融合会产生不易察觉的压力。如果一方把生活的重点全部放在另一方身上，通过事无巨细的关怀来维持这段关系，那就可能会忽视对方作为独立个体的需求。这种做法本意虽好，但时间一长，就会使关系的边界变得模糊不清，让对方产生一种被束缚、失去自由的感觉。实际上，对方选择疏远，并不是因为不在乎，而是为了争取属于自己的情感空间而做出的本能反应。

此外，如果将个人的幸福完全建立在维持亲密关系之上，还可能导致自我身份的迷失。当一个人放弃了自身的追求，生活的全部意义仅仅剩下“维持关系”这一件事的时候，爱就会慢慢变得失衡，最终变成一种沉重的负担。一段真正健康的亲密关系，应该是在构建“我们”共同生活的同时，也确保“我”和“你”都能各自独立地成长、发展。只有在平衡好个人发展与情感联系的基础上，亲密关系才有可能长久稳定且充满活力。

恋爱清醒指南

在健康的亲密关系里，相爱和独立并不矛盾，反而是相互促进的。尊重对方的独立性，给予对方适当的私人空间，会让这段关系更加稳定且长久。当两人既能坦然接受彼此的个人需求，又能在相互扶持中共同进步，感情就能在自由、和谐的氛围里达到平衡状态。

● 坦诚沟通个人边界与需求

双方应定期安排专门的沟通时间，心平气和地交流各自对独立空间的需求。比如，一方可能需要每周有两个晚上的时间独处，用来做自己感兴趣的事，另一方则可能希望每月有一个周末可以和老友相聚，不受打扰。在沟通时，不仅要说出自己的需求，还要认真倾听对方的想法，共同探讨如何确保双方都能拥有足够的独立空间，同时又不会让对方感到被忽视或冷落。

● 培养各自的兴趣爱好与社交圈

鼓励彼此发展自己的兴趣爱好，参加相关的社团、俱乐部或课程。同时，双方都应保持自己的社交圈子，定期与朋友聚会、交流。这不仅能丰富个人生活，减轻对伴侣的过度依赖，还能在与不同人交往的过程中获得新的知识和体验，为亲密关系注入新的活力和话题，增强关系的稳固性。

- **共同规划未来的生活**

坐下来一起规划未来的生活，包括短期的周末计划和长期的职业、家庭规划等。在规划过程中，尊重各自的事业追求和梦想，将“我”的目标融入“我们”的蓝图中。比如，一方计划创业，另一方则可以根据自己的职业特点，考虑如何在家庭和工作上给予支持，同时也不放弃自身的成长。通过共同设定目标，既能让彼此感受到“我们”是紧密相连的整体，又能让“我”和“你”各自保持独立。这样在合作与独立中找到平衡，就能让感情愈发深厚。

无论为谁好，干涉总是不讨喜的

爱情案例

李琪和张宇是一对恋人，起初，他们的爱情美好而温馨。李琪性格温柔，心思细腻，内心充满了对爱情的憧憬。和张宇恋爱后，她便全心全意地扑在了张宇身上，不知不觉陷入了“恋爱脑”的旋涡。

一次，张宇在工作中获得了一个晋升机会，但需要到另一个城市接受为期半年的培训。对张宇来说，这个机会非常宝贵，因为能让他的事业得到更好的发展。可李琪对此满心担忧，她害怕异地恋会让两人的感情出现问题，担心张宇会在新环境中变心。于是，她用各种理由劝说张宇放弃这次机会。在劝说无效后，她干脆背着张宇联系他的领导，替张宇推掉了这次培训。张宇得知后十分生气，他觉得李琪不理解自己对事业的追求，不尊重自己的选择，两人为此大吵了一架。

在生活中，李琪的“恋爱脑”也很严重。张宇喜欢偶尔和朋友聚会放松，李琪却觉得那些朋友会带坏张宇，所以总是在张宇出门前各种唠叨，甚至试图阻止他赴约。张宇喜欢穿休闲舒适的衣服，李琪却按照自己的审美，频繁给张宇买正装，还强迫他穿，认为这样会让张宇看起来更成熟稳重，对他的事业有帮助。

渐渐地，张宇开始对李琪的干涉感到窒息。他回家的时间越来越晚，和李琪的交流也越来越少。可是，李琪没有意识到问题的严重性，依旧我行我素，觉得自己所做的一切都是为了张宇好，是爱的表现。直到有一天，张宇提出了分手，他说：“我知道你爱我，可你总是按照你的想法来干涉我的生活，让我没有一点儿自由，我真的受不了了。”

李琪看着张宇离去的背影，泪如雨下。她终于明白，爱情不是把对方紧紧束缚在自己身边，不能以爱的名义去干涉对方的一切，即使出发点是为对方好，可过度的干涉只会让对方越走越远。可惜的是，她明白得太晚了。

爱的底层逻辑

李琪在恋爱中，全身心地围绕着张宇运转，这种高度的情感投入使她产生了强烈的控制欲，试图通过干涉张宇的职业选择、社交活动和个人喜好等，来构建一个她认为理想、稳定的恋爱环境，以满足自己内心对这段关系的期望和对安全感的需求。

此外，恋爱脑导致的过度干涉行为还反映了个体认知上的扭曲。李琪错误地认为自己的干涉是出于对张宇的爱和关心，却没有意识到这种“爱”的方式实际上是对张宇的不尊重和不信任。

李琪的这种干涉行为，已经严重侵犯了张宇作为独立个体的心理边界。每个人都有自主决策、追求自我实现的内在心理需求，当李琪不断地替张宇做决定，甚至阻止他去追求自己的事业发展和社交生活时，张宇会感受到自己的人格被否定，自我决定的权利被剥夺，进而产生强烈的抵触情绪和窒息感。这种负面情绪会逐渐积累，侵蚀原本美好的爱情基础，最终导致关系的破裂。

恋爱清醒指南

真正健康的爱情应该建立在相互尊重、理解和信任的基础之上，允许对方有独立的思想和空间去自由地成长、发展。只有摆脱恋爱脑的束缚，尊重彼此的独立性，才能让爱情在自由的空气中茁壮成长，绽放出持久而绚烂的光彩。

- **自我觉察与情绪管理**

培养自我觉察能力，时刻关注自己在恋爱中的行为和情绪变化。如果发现自己对伴侣的依赖逐渐超出正常范围，并因此产生了不安、焦虑等情绪时，就要及时停下来反思。可以通过记录情绪日记的方式，分析这些情绪产生的情境和原因，然后运用深呼吸、冥想、积极的自我暗示等情绪管理技巧，提醒自己保持冷静和理性。

- **有效沟通与尊重表达**

恋爱双方需要建立起坦诚且有效的沟通机制。有干涉冲动的一方应主动与对方交流自己内心的不安和期望，但要注意表达方式，要着重表达感受，避免指责和要求。比如：“当你去参加聚会时，我会有些孤单和担心，但我知道你有自己的生活，我只是想让你知道我的感受。”而非：“你不能去聚会，要多陪陪我。”同时认真倾听对方的想法和需求，尊重对方的决定。通过这种沟通，既能让对方感受到被尊重，又能缓解自己的焦虑，重建信任。

- **培养独立人格和自我价值**

个体需要在恋爱关系之外寻找自我价值和成就感。可以重拾自己的兴趣爱好，投入自我成长和提升之中，当你在这些领域取得进步和成就时，就不会通过过度依赖对方来填补内心的空虚。同时，建立自己的社交圈子，与朋友、同事保持良好的关系，拓展生活的广度和深度。比如，定期和朋友聚会、参加行业交流活动等。这样，你会逐渐拥有独立的人格和丰富的生活，不再将全部精力聚焦于对方，从而减少干涉行为。

要求伴侣共享手机，很过分吗

爱情案例

王静和吴浩在一场朋友组织的户外露营活动中相识，因为兴趣爱好高度重合而聊到了一起，并互相添加了联系方式。之后，他们频繁地聊天、约会，很快确定了恋爱关系。

确立关系后的第一个周末，吴浩约王静出来吃饭。聊天时，王静对吴浩说："我听说有的情侣会共享手机，你觉得怎么样？"吴浩想了想，认真地回答道："我倒是有不太一样的看法。每个人都是独立的个体，就算是恋爱了，也需要保留一点儿自己的私人空间。愿不愿意共享手机，还是要尊重对方的想法，这和感情的深浅没有关系。"王静听了，笑着说："你说的也有道理。"

其实，王静聊起这个话题，是为了试探吴浩的态度。在她的观念里，恋人之间就应该毫无保留，共享手机是关系亲密无间的体现。虽然吴浩的回答让她有些失望，但是她并没有放弃，认为等两人的感情更加深厚时，吴浩就会改变想法。

日子就这样一天天过去，两人的感情不断升温。在这期间，王静又多次试探性地提起共享手机的话题，但吴浩每一次都持反对态度，让王静心里的失落感越来越强。

情人节这天，吴浩精心准备了浪漫的烛光晚餐。王静觉得这时候提出共享手机，吴浩很可能会答应，于是说：“亲爱的，我的好姐妹和她的男朋友互换了手机密码，我挺羡慕的。”吴浩叹气道：“我知道你是怎么想的，但我真的很看重自己的隐私，这个想法一直都没有变。”

听到这话，王静的情绪一下子就上来了，她觉得吴浩根本不是真的爱她。两人你一言我一语，气氛越来越紧张。最后，吴浩叹了口气，说：“我真的很喜欢你，可在这件事上我们的观念实在相差太大，这样下去矛盾只会越来越多，或许我们不太合适。”

王静愣住了，她没有想到他们会走到分手这一步，眼眶瞬间红了起来。但此刻，再多的话也无法改变这个结局，这段刚刚开始的甜蜜恋情，就因为共享手机观念的分歧而画上了句号。

爱的底层逻辑

从个人边界的角度来看，每个人都拥有独立人格和私人空间，即便处于亲密关系中，也有权保留自己的隐私领域。案例中的吴浩重视个人隐私，手机作为承载大量私人信息的工具，他不愿共享是对自身边界的合理维护。王静强求共享，实际上是对吴浩个人边界的侵犯，会让对方感到不适和被冒犯。

就感情的本质而言，王静将共享手机视为感情深厚的体现，过于狭隘地定义了感情基础。真正的爱情建立在相互尊重、信任与理解之上，而不应以是否共享手机为衡量标准。共享手机并不能直接和感情的深厚程度画等号，如果过度强调这一点，就容易让感情偏离健康的轨道，变成一种基于控制和窥探的关系。

恋爱清醒指南

每个人都有自己的个人空间，手机承载着大量私人信息，是个人空间的重要部分。一段健康的恋爱关系，需要双方尊重彼此的个人空间，而非以爱的名义去打破它。只有这样，双方才能在舒适的状态下相处，促进感情的良性发展。

- **坦诚沟通，认真倾听**

在恋爱关系中，当涉及共享手机这类敏感话题时，双方应坦诚交流。比如，王静如果一开始就坦诚表达自己对共享手机的执着以及背后的原因，而不是试探，那么吴浩就能更深入地理解她的需求，为双方一起寻找解决方案奠定基础。在沟通过程中，要认真倾听对方的想法，不要急于反驳，这样才有助于找到双方都能接受的平衡点。

- **尊重个人空间，重塑自我认知**

尊重伴侣的个人空间至关重要。比如，吴浩不愿共享手机，王静应该尊重他的意愿，而不是一味强求。要深刻认识到，即便处于恋爱关系中，每个人依然是独立的个体。可以通过阅读心理学书籍、与朋友交流恋爱经验等方式，强化对个人边界的认知，明白亲密关系并非毫无界限的融合，而是两个独立个体在相互尊重和支持中携手同行。

- **调整行为模式，丰富亲密方式**

如果你习惯将共享手机视为亲密的体现，那么你就需要调整行为模式。可以多花时间一起参与双方都感兴趣的活动，如共同学习新技能，参加户外运动、旅行等，在这些互动中加深彼此的了解和情感联系。在日常相处中，双方要注重情感交流，分享内心感受，以真诚的沟通和实际的陪伴来加强亲密联系，而非仅仅依赖共享手机来获得亲密感。

尊重对方的想法，而不是必须想法一致

爱情案例

李媛和赵俊已经恋爱多年，两人性格迥异，但彼此尊重，关系一直很稳固。

有一天，赵俊计划和朋友们去爬山，希望李媛一同参加。然而，李媛婉拒了赵俊的邀请。

“你去就好，我这个周末的计划是在家休息。”李媛轻声说道，眼神平静。

赵俊问：“为什么不和我们一起去呢？你一个人在家不会觉得无聊吗？”

李媛微笑着摇了摇头：“不会啊。我知道你喜欢和朋友们出去玩，在家待着在你看来可能是浪费时间，但对我来说，这样的安静是一种享受。”

赵俊听了，不再坚持。因为他知道，李媛的婉拒是对两人需求的尊重——尊重他对社交和户外活动的喜爱，也尊重她自己对安静和独处的需求。他们之间有一个共识：不是所有的爱都需要通过“共同参与”来表现。

那天，赵俊和朋友们爬山去了，李媛则在家做着她喜欢的事情。回来的路上，赵俊给李媛发了条信息，分享自己在山顶看到的美景：“景色很美，可是我知道你并不喜欢这种地方，下次我们一起去你喜欢的地方，好吗？”

李媛微笑着回了一个可爱的表情包：“好。”

爱的底层逻辑

尊重对方的需求，意味着允许对方按照自己喜欢的方式生活。每个人的成长环境、经历不同，需求和想法自然也有所不同。在恋爱关系中，我们需要的是爱，而不是把对方塑造成自己理想中的模样。要学会欣赏和包容对方的独特性，并在此基础上找到让两个人都舒适的相处方式。

尊重还意味着理解对方的需求和界限，并通过积极的沟通来维系恋爱关系的健康。相互尊重不等于放弃自我，它鼓励双方在保持个性和独立的同时，共同构建一种更加宽容的相处模式。在这样的关系中，爱不仅仅是付出和接纳，更是一种智慧的体现：懂得何时接近，何时放手，让彼此的世界既不相融得太紧密，又不相离得太遥远。

恋爱清醒指南

在亲密关系中，我们常常期待对方与自己的想法保持一致，然而每个人都是独立的个体，这种期待是不切实际的。一段健康的恋爱关系并不需要两个人在任何细节上都达成共识，而是要学会理解与宽容，尊重对方的不同，避免因为过分坚持而使关系陷入僵局。

- **接受差异，不必急于寻求共识**

当遇到不同意见时，很多人会感到不安，试图尽快找到一个共同点，以消除与伴侣的分歧。然而，这种做法往往会忽略双方的独特性。此时，应该允许彼此之间存在差异，避免急于寻求解决方案。要尊重对方的看法和立场，给双方时间去消化各自的想法，不需要在每个细节上都达成一致，而是要学会接纳彼此的不同。可以适当给予对方时间和空间来思考自己的观点，由此达成更深入、透彻的理解，这对维持和谐的关系十分有益。

- **尊重对方的感受，避免过度分析或否定**

遇到想法不一致的情况时，很多人习惯于从逻辑的角度来分析对方的观点，试图证明对方是错的。然而，这样做往往忽略了对方的感受。要学会尊重对方的情感体验，而不仅仅是关注其观点是否正确。要避免在对方表达情绪或看法时立即反驳，而应先确认对方的感受，比如：“我明白你这样想的原因，可能是因为你觉得……”这种方式可以让对方感受到你对其情感的认可，更有利于接下来的沟通。

健康的爱，需要适当的留白

爱情案例

赵琳和李骁在恋爱初期，生活充满了甜蜜和温馨。两人几乎每天都在一起，吃饭、看电影、分享生活和工作。李骁的陪伴让赵琳觉得非常幸福，平凡的日子变得有滋有味起来。

但是日子久了，赵琳的心理有了变化，开始觉得不安。她发现自己对李骁的依赖越来越严重，如果没有他陪着，生活就会像缺了点儿什么，变得十分空虚。起初，赵琳对此没太在意，为了填补空虚，她把更多的时间和精力放在和李骁相处上，一有空就找他聊天，吃饭、休息也都要他陪着，甚至希望他每天都和自己道早安和晚安。可慢慢地，这种过于频繁的互动让她有了被压迫感，感觉自己的独立性和自由都没有了。经过思考，她意识到自己对这段关系的依赖已经超出了正常范围，是时候做出改变了。

于是，赵琳决定给彼此一些空间。她没有提前跟李骁打招呼，就自己安排了一次短途旅行，前往一个安静的小镇待几天，暂时从过去的生活中抽离。她没有和李骁断了联系，但是减少了和李骁交流的次数，只是偶尔发条短信简单说说自己的情况。她想借这段独处的时光找回自我，重新体会久违的自由与平静。

在这座古色古香的小镇上，赵琳一个人吃饭、读书、发呆。她会在凉爽的清晨，沿着小河悠闲地散步；也会坐在咖啡馆里，享受午后慵懒的阳光。她发现这种短暂的独处并不会让自己感到孤独，反而能让自己感到充实和放松。这让她意识到，真正让人舒适的爱情不是时刻依赖对方，而是在相处时还能保持自我，拥有独立的空间。

几天后，赵琳回到了家。李骁没有生气，而是笑着问她："旅行怎么样？"赵琳的回答简短却有力："感觉找回了自己。"李骁说："那就好。你不在的这些天，我也想了很多。我发现，以前我们太过于依赖彼此，都快失去自我了。看到你这次能勇敢地迈出这一步，我很开心。"那一刻，赵琳感到了轻松和释然。

爱的底层逻辑

恋爱脑的形成往往源于个体内心安全感的匮乏以及对亲密关系的过度理想化。赵琳起初在恋爱中过度依赖李骁，将自身的幸福完全寄托在李骁的陪伴上，这是典型的恋爱脑表现。然而，每个人都有独立的心理边界，赵琳的过度依赖不仅侵蚀着李骁的个人空间，也让自己的独立性被无限压缩，从而给自己带来了无形的压力，使恋爱处于一种不健康的紧绷状态。

健康的爱情需要遵循"马斯洛需求层次理论"中的自我实现需求，双方既需要有亲密无间的融合，也需要有适度的分离和独立。一旦个体在恋爱中失去自我，其自我实现需求就会被搁置。而适当的留白能让个体重新找回自我，独立地探索个人兴趣、发展自我意识，满足自我实现需求。这样一来，在相聚时，双方都能够以更加完整、独立的形象相互欣赏和支持，从而在尊重彼此独立性的基础上，实现爱情的升华与长久稳定。

恋爱清醒指南

健康的恋爱关系应经历从激情期向稳定期的过渡，其中的关键在于双方能否在亲密与独立之间找到平衡。只有双方既相互支持、情感亲密，又各自独立、拥有自我发展的空间，恋爱关系才能更加稳固、持久且充满活力。

- **尊重边界与有效沟通**

双方应坦诚地交流彼此对个人空间和独立性的需求，沟通时要注意表达方式，要以尊重和理解对方的态度陈述自己的感受与需求，同时认真倾听对方的想法，尊重对方的边界，不随意侵犯。当对方处于个人空间之中时，不过分追问细节，给予充分的信任，让彼此在舒适的边界内自由成长，从而减轻恋爱关系中的紧绷感，营造轻松和谐的氛围。

- **共同成长与适度分离**

恋爱双方要树立共同成长的理念，一起制定长期和短期的目标，这些目标既包括情感关系的深化，也涵盖个体在事业、兴趣爱好等方面的发展。在实现目标的过程中，适度的分离是必要的。当一方专注于个人目标时，另一方要给予支持和鼓励，不过度依赖对方的陪伴。分开的时光能让双方更好地审视自己的成长路径和个人价值，在相聚时也能有更多新鲜的话题和经验分享，使感情在共同成长与适度分离中走向长久和稳定。

在亲密关系中，也要适当说“不可以”

爱情案例

嘉豪和思瑶是一对恋人，他们相识于大学，恋爱初期甜蜜而热烈，整天腻在一起，对彼此的要求几乎是有求必应。

大学毕业后，嘉豪和思瑶步入了社会，问题开始显露出来。嘉豪的同事经常约他下班后出去喝酒，思瑶虽然不太乐意，但每次嘉豪问她的意见时，她都点头同意，没有表示出不满，因为她觉得不应该过多干涉嘉豪的生活。然而，嘉豪出去喝酒的频率越来越高，不仅使两个人的相处时间越来越少，还影响了嘉豪的健康。

终于有一天，当嘉豪再次接到同事的邀约时，思瑶鼓起勇气说："亲爱的，我知道你工作累，但这样频繁地出去喝酒，我觉得不太好，这次可不可以不去？"嘉豪听到后有些惊讶，但看到思瑶认真的表情，他开始反思自己的行为，最后推掉了邀约。

另一方面，思瑶喜欢在网上购物，一看到喜欢的东西就会忍不住买下来，有时候甚至超出了他们的预算。嘉豪一直默默承受着，直到有一次，思瑶又准备购买一件昂贵的衣服时，嘉豪拉着她的手说："宝贝，我们最近的支出有点儿多，这个月不可以再买了，我们得为以后的生活做些规划。"思瑶一开始有些生气，但冷静下来后，意识到嘉豪说的是对的。

通过这些"不可以"，嘉豪减少了不必要的应酬，将更多的精力放在工作和与思瑶的相处上；思瑶也学会了理性消费，他们开始一起制订理财计划，为未来的生活共同努力。"不可以"不但没有让他们的关系变得糟糕，反而让他们更加恩爱了。

在一次聊天中，嘉豪对思瑶说："我以前觉得不能对你说'不'，怕你生气。但现在我发现，适当的拒绝让我们都变得更好了。"思瑶点头表示认同："是啊，我以前也不敢拒绝你，总觉得会伤害我们的感情，但其实能说'不'的爱才更长久。"

爱的底层逻辑

恋爱脑的形成往往伴随着对伴侣的高度情感依赖。思瑶起初面对嘉豪频繁被同事约出去喝酒的情况，即便不乐意也总是点头同意，就是陷入了这种情感依赖的状态。这体现出她过度依赖这段关系所带来的和谐感，忽略了自己对相处时间的要求以及对嘉豪健康方面的合理关切。

另外，健康的亲密关系需要双方有清晰的自我边界，明确自己能接受和不能接受的行为界限。然而，恋爱脑的人容易模糊这一界限。比如，嘉豪默默承受思瑶超出预算的网购行为，把对思瑶的爱和迁就凌驾于合理的生活规划之上，就反映了他在恋爱脑状态下自我边界的缺失。

健康的恋爱关系是动态发展且需要平衡的，一味地迁就、无原则地答应对方的所有要求，并不能促进关系良性发展。思瑶和嘉豪勇敢地说出“不可以”，其实是在重新找回恋爱关系中的平衡。

恋爱清醒指南

适度的拒绝既能避免一方在关系中过度迷失自我，又有助于双方相互支持、共同成长，进而实现关系的可持续发展。

- **认知重塑与思维转换**

双方要意识到健康的关系并非完全融合与无原则的迁就。在日常生活中，面对对方的要求时，可以尝试从新的认知角度去思考，即考虑自己的感受和需求是否被满足，而不是仅仅关注对方的反应。

- **情绪管理与自我安抚技巧**

当想要拒绝对方但又担心影响恋爱关系时，往往会产生焦虑、不安等负面情绪。此时，可以先做几次深呼吸，让自己平静下来。同时告诉自己，合理的拒绝有助于关系的健康发展。这样不仅能够帮助你更好地处理拒绝时产生的负面情绪，还能提升你在恋爱关系中的情绪应对能力。

- **学会适度拒绝与积极沟通**

学会适度拒绝是维持健康亲密关系的关键。当面对不符合自己的需求或侵犯自己边界的情况时，要勇敢地说“不可以”。但是，拒绝之后的沟通同样重要。通过适度拒绝和积极沟通，双方能够不断调整相处模式，让彼此在相互支持的同时，也能保持独立的自我。

认可差异：爱是锦瑟和鸣，也是和而不同

个体的成长背景、性别特征和思维方式，会潜移默化地影响恋爱双方的互动模式和沟通效果。承认这些差异，在彼此不同的节奏中找到共鸣，是让感情长久且深厚的关键。真正的爱情，并非要消除这些差异，而是要基于尊重和理解，在差异中寻求和谐。这就如同琴瑟协奏，唯有充分展现各自独特的音色，才能演奏出动听的旋律。

当感性遇见理性，爱情该如何“兼容”

爱情案例

李明和王晓恋爱两年了，表面上看，他们感情平稳，没有什么太大的波折。然而，随着时间的推移，两人之间的差异逐渐显现，尤其是在情感需求上，差异让他们产生了越来越多的冲突。

李明是一个理性至上的人，工作是他生活的重心。他习惯于将每一件事都安排得井井有条，目标明确，步步为营。每当王晓提出希望他能抽更多时间陪自己时，他的回应总是：“我现在需要集中精力工作，等忙完了再说。”每次王晓听到他这样说，都会禁不住在心里问：“我在他的世界里到底重不重要？”

王晓是典型的感性人格，她更注重情感的沟通和陪伴。对她来说，爱情是需要在日常生活中共同维护的。她不理解李明为什么总是把工作放在第一位，甚至在她生病或心情低落时，他也只会在外卖软件上给她买药送过去，然后简单地说一句：“照顾好自己，如果需要去医院的话就叫我。”而她真正渴望的是，他能在她需要的时候主动放下工作，关心她、陪伴她。

李明的沉默和冷淡让王晓备感失望和孤独，时间长了，她甚至开始怀疑自己的付出是否值得。她觉得不能再这样下去了，于是找了一个机会和李明沟通，表达自己的感受，希望李明能理解她的情感需求：“你总是把工作放在第一位，我知道你很努力，但我需要的是和你一起共享生活的时光，尤其是在我需要支持的时候。不然，我会觉得自己是在和一个工作机器谈恋爱。”

李明愣了一下，这是王晓第一次对他说这样的话。他没有立刻反驳，而是沉默了片刻，细细品味王晓的话，回想过去的生活点滴。终于，他意识到自己因为过于重视目标导向，而忽略了感情的互动。虽然他仍然认为事业很重要，但他也明白了，爱情不能仅仅依赖理性，它更需要关心、沟通和陪伴。

从那以后，李明开始调整自己的态度，学会主动关心王晓的情感需求，他还减少了加班，尽量腾出时间陪伴王晓。王晓则学会了理解李明的工作压力，在他忙碌时给予他支持和空间，而不是一味地指责和抱怨。在理性和感性之间，他们找到了让两个人都舒适的相处方式。

爱的底层逻辑

李明和王晓的冲突源于性格的不同。理性的李明以工作目标为导向，习惯有条不紊地规划生活，在他的认知里，事业成功是生活的根基，所以会将大量时间和精力投入其中。这种性格让他在面对王晓的情感需求时，表现得相对冷漠和疏离。

感性的王晓则更关注情感体验，在她心中，爱情是由日常相处时的陪伴与关怀构成，伴侣在自己脆弱时的陪伴至关重要。她期望通过情感交流来维系亲密关系，这与李明理性的行事风格形成鲜明对比。

当王晓主动沟通后，两人的转变体现了理解与包容的重要性。李明意识到爱情需要情感互动，开始调整自己的行为，平衡事业与感情。王晓也理解了李明的工作压力，不再一味指责。这表明在恋爱关系中，只要双方能够正视彼此性格上的差异，站在对方的角度思考问题，通过有效沟通，相互理解、包容并做出改变，就能化解性格差异带来的矛盾，建立起和谐舒适的相处模式。

恋爱清醒指南

在恋爱关系中，性格差异常常引发情感需求的不一致。如果处理不当，极易造成误解和矛盾。不过，借助有效的沟通和适当的调整，能够让双方在差异里寻得平衡，使感情更加和谐稳定。

- **认知性格差异，尊重彼此的需求**

要清晰认识到恋爱双方存在性格差异是正常的，比如李明的理性和王晓的感性。理性的人注重目标和效率，感性的人更看重情感体验和陪伴。了解这种差异后，应尊重对方的需求。李明要明白王晓对陪伴的渴望并非无理取闹，王晓也要理解李明对工作的专注是他实现自我价值的方式。双方尊重彼此的性格特质和需求，是良好相处的基础。

- **积极有效沟通，化解矛盾冲突**

当因性格差异产生矛盾时，积极沟通至关重要。王晓主动和李明沟通自己的感受，才让李明意识到问题所在。在沟通时，要避免指责和抱怨，真诚地表达自己的需求和感受。同时，倾听的一方也应坦诚分享自己的想法，这样双方才能深入了解彼此，找到解决矛盾的方法，避免矛盾不断积累。

对方有时不懂你，没有关系

爱情案例

李菲和刘辉是一对恋人。刘辉阳光开朗，在他的观念里，爱一个人就是要保护她，为她解决生活中的各种难题。所以，当李菲的自行车坏了，他会耐心花上整个下午的时间，亲手帮她修理，弄得满手油污也毫不在意。而李菲，其实更在意的是在她发现自行车坏了的那一刻，刘辉能给她一个温暖的拥抱，耐心倾听她的抱怨，安抚她的情绪。

有一次，两人一起去看电影。刘辉根据网上的评价，精心挑选了一部口碑极佳的科幻大片，满心期待着和李菲一起感受影片中的震撼特效和精彩剧情，认为这会是一次完美的约会。然而，李菲却在观影过程中昏昏欲睡。对她来说，那些复杂的科幻情节和宏大的特效场面远不如一部温馨浪漫的爱情片更能触动内心。电影结束后，刘辉兴致勃勃地和李菲讨论影片中的各种细节和精彩之处，却发现李菲反应冷淡，这让他有些摸不着头脑，不明白为什么自己精心准备的约会没有得到李菲的热情回应。

李菲也有自己的委屈。她喜欢和刘辉分享生活中的点滴，无论是看到一朵漂亮的小花，还是听到一首动听的歌曲，她都希望刘辉能和她一起沉浸在这些“小确幸”中，给予她积极的回应和共鸣。但刘辉总是不太明白这些小事为什么能让李菲如此开心，所以有时只是简单地应和几句，这让李菲觉得刘辉不懂她的情感世界。

不过，随着相处的深入，他们开始尝试理解彼此的差异。刘辉逐渐学会在李菲分享生活琐事时，放下手中的事情，专注地看着她的眼睛，用心去感受她的情绪，给予她更多的回应。而李菲也开始尝试理解刘辉通过实际行动来表达爱的方式，当刘辉为她解决问题时，她会送上一个感激的微笑和温暖的拥抱，让刘辉知道她看到了他的付出。

一次，刘辉带李菲去爬山，刘辉一直在前面探路，拉着李菲的手，帮助她跨越陡峭的路段。李菲虽然有些害怕，但看到刘辉专注的样子，从中感受到了深沉的爱意，所以很是开心。中途休息时，李菲向刘辉讲述沿途看到的美丽风景和内心的感受，刘辉认真倾听，开始明白有时候倾听和陪伴比解决问题更重要。

他们慢慢领悟到，他可能不懂她的细腻，她也可能不懂他的务实，但这并不影响他们相爱。因为真正的爱，是愿意接纳差异，并在这个过程中彼此磨合、共同成长。

爱的底层逻辑

在亲密关系中，双方之间的“不懂”，大多是由性格差异造成的情感表达方式、思维模式以及处理问题的方式有所不同所致。比如，有些人更倾向于采用直接、理性的方式来表达情感，用实际行动去体现自己的关心；也有些人往往更看重情感的细腻呈现，喜欢借助语言、细节以及情感的传递让对方体会到自己的内心世界。

这种性格导致的差异没有对错之分，它是在社会文化、成长环境以及生理、心理等多种因素的长期影响下形成的。我们应该认识到，无论是“行动式”的表达，还是细腻的情感流露，本质上都是在向对方传达爱意与关怀。在亲密关系中，理解并尊重这些差异，是双方和谐相处、深度沟通的重要基石。只有这样，双方才能减少因误解而产生的矛盾，让感情更加稳固长久。

恋爱清醒指南

爱情中的“不懂”，不一定意味着不好，很可能是两种不同的表达方式和生活方式相互碰撞的结果。理解与包容，不是非要对方完全读懂自己，而是要学会在差异中找到共鸣点并相互适应。在亲密关系中，尊重对方的表达方式，并借此让自己获得成长，才是更为成熟的做法。

● 理解自身的情感需求，防止过度依赖对方

当察觉到对方不能完全理解自己的情感时，这其实是一个自我认知的契机。通过独立思考和自我反省，更加明确自己的需求，进而降低对对方理解自己的过度依赖。记录自身的感受、跟朋友聊聊心事，或者通过冥想来梳理自己的情感世界，这些方法都有助于增强情感的独立性。培养自我情感抚慰的能力，能让自己在面对不被理解的情况时，依旧保持内心的平静与坚定。

● 调整心理预期，接纳彼此的差异

在亲密关系里，两个人都能完全理解对方是比较少见的情况，双方的差异也不可能彻底消除。学会接受这种差异，调整自己的心理预期，是维持健

康关系的关键一步。不必要求对方完全洞悉自己的内心，但可以通过共同努力，在不同的表达方式中寻得平衡。感情里的“懂与不懂”并非不可跨越的障碍，相反，它是双方共同成长和调整的过程，能使两人在持续的磨合中加深对彼此的理解，增强亲密感。

少提标准和要求，别拿自己的尺子量别人

爱情案例

李琳是一个事业心极强且对生活品质有着高要求的女性。在职场上，她踏实肯干、处事严谨；在生活中，她凡事都追求尽善尽美，热衷于给自己制订清晰明确的计划，小到生活琐事，大到工作安排，每一步都要严格按照计划推进。她常跟朋友们说：“做事有计划，工作、生活才不会乱成一锅粥。”不仅如此，她还习惯将这种行事准则强加给身边的人，尤其是男友杨晨。

杨晨性格随和，更倾向于悠然自得地享受生活中的点滴美好，不太注重所谓的效率与成就。和李琳在一起时，他一直努力配合她的节奏，试图让两人的步调趋于一致。可即便如此，李琳还是觉得杨晨有些“不上进”。一旦杨晨做事缺乏规划，或是流露出不想参加社交活动的意思，李琳就会直截了当地批评他：“你得有点儿规划，不能总是这么散漫。”或者说：“你要是像我一样有目标，日子肯定会过得更精彩。”然而，这些话不但没有帮助杨晨提升生活质量，反倒让他觉得自己总是被批评，得不到认可，产生了很大的心理压力。

有一回，两人打算一起去旅行。李琳把行程规划得满满当当，精确到每个时段、每个景点；杨晨却向往随心所欲地漫步，随性领略沿途风光。他尝试说出自己对旅行方式的想法，却遭到李琳的反驳：“你得清楚，旅行就要按

计划来，没计划纯粹是浪费时间。”她的语气虽然不严厉，但是态度很坚决，深信自己的理念是对的。这一次，杨晨不愿再让步。两人商量后，决定每天留出一些单独行动的时间。

旅行开始后，李琳很快感到自己被紧凑的行程绑住了手脚，原本憧憬的美好旅程变得像完成任务一般机械化。反观杨晨，因为没有计划的约束，所以能够尽情享受独处的时光，悠然惬意。旅程结束分享见闻时，李琳听着杨晨眉飞色舞地讲述那些不期而遇的惊喜，心里渐渐泛起波澜，不禁反思起自己过度依赖计划的做法是不是太偏激了。

经过一段时间的沉淀，李琳主动找杨晨深谈了一次：“上次旅行让我懂得了你的生活态度，生活不是工作，没必要事事都计划得滴水不漏，我们在一起开心才是最重要的。以后，我不会再拿自己的标准要求你了。”

杨晨听后，脸上露出欣慰的笑容，他握住李琳的手说：“其实我知道你是为我好，但很多时候，生活的乐趣就藏在那些计划之外的细节中。以后我们互相理解，多沟通，肯定能把日子过得有滋有味。”从那以后，两人相处得更加融洽，遇到分歧不再是一方强行改变另一方，而是共同商量，一起去探索既满足规划需求又不失生活情趣的相处模式。

爱的底层逻辑

在李琳和杨晨的案例中，性格差异体现得极为显著。李琳总是习惯用自己的标准去要求杨晨，这实际上是一种隐性的控制欲。不过，她的控制并非出于恶意，而是源于内心深处对秩序感和完美状态的执着追求。在亲密关系里，当一方试图按照自身标准去“优化”另一方的生活时，背后潜藏的是对未知状况以及不确定性的焦虑情绪。他们期望通过改变对方的行为，让彼此的关系朝着更好的方向发展，然而结果却常常事与愿违。

这类行为的核心问题是，施加标准的一方往往忽视了个体之间的差异。他们凭借自己认定的“好”去评判对方，却没有真正用心去理解对方的实际需求与内心感受。长此以往，被要求的一方不仅会产生压抑、窒息之感，还会慢慢失去表达自我的空间，关系中的平等性与自由氛围也会遭到破坏。

更为关键的是，这种用自己的尺子衡量别人的做法属于单向主导，而非双向的理解与包容。不管是衣食住行之类的日常小事，还是关乎人生走向的重大规划，过度干涉都会让对方觉得自己仿佛沦为一个迎合标准的“工具”，而非被尊重的独立个体。如果不做出改变，最终必然会导致恋爱关系逐渐疏离，甚至走向破裂。

恋爱清醒指南

每个人都有自己的生活方式与价值观，爱不是把对方改造成自己理想中的样子，而是要接纳彼此的差异，在理解和包容中寻得共同的步调。真正良好的亲密关系，依靠的是平等对待和相互尊重，绝不是强行将自己的标准强加在对方身上。

● 强化自我察觉，认清预设标准

很多时候，问题的症结在于自己都没有察觉到对对方的要求有多严苛，也没有想过这些要求是否恰当。此时，不妨借助日常反思或写日记的方式，记录并估量自己在亲密关系中给对方施加的压力。比如，每当心底冒出“对方就得这么做”的念头时，马上停下来，扪心自问：“我为什么会有这样的期望？它依据的是什么标准？”如此一来，便能慢慢识别出不合理的标准与期望，进而学会在心里做出调整，防止过度干涉对方的生活模式。

● 与对方坦诚沟通需求和底线

相较于单方面强求对方改变，更好的做法是与对方进行开诚布公的交流。可以选择特定的时段，如某个周末，探讨彼此的需求与底线。比如，主动袒露自己在某些方面的诉求：“我偶尔会觉得，我们对未来的规划存在分歧，我期望在一些关键决定上，我们能达成更多共识。”通过这种交流，双方能够达成一些基本共识，而不是靠强行灌输自己的标准来逼迫对方改变。

别让期望成为隐形攻击，学会接纳不可逆的期许

爱情案例

《被嫌弃的松子的一生》是日本的一部长篇小说，曾被改编成同名电影。主人公松子的一生，宛如一首未完成的旋律，始终被他人的期望影响着，却始终没能奏响属于自己的乐章。

松子成长在重男轻女的家庭里，父亲对她的关注和期望远远比不上对哥哥的。她努力用自己的才华去吸引父亲的注意，但父亲的认可总是转瞬即逝。她唱歌非常好听，父亲虽然偶尔会夸赞她，但从没给过她实实在在的关心与支持。松子渴望被关注、被疼爱，然而来自父亲的爱却总是遥不可及。于是，她拼尽全力去满足父亲的期望，仿佛要用自己的存在填补父亲心中对“儿子”的那份渴望。

步入社会后，松子成为一名教师。在职场上，她同样不停地迎合着他人的需求和标准，不敢有丝毫怠慢。但他人的期许就像一个个无底洞，无论她怎样努力，身边总有人认为她做得还不够好。她持续迎合、不断付出，却从未收获过真正的理解与认可。尤其在因保护学生而遭到开除后，社会投来的目光愈发冷漠、严苛。她这才惊觉，无论自己如何努力，似乎都难以满足所有人的期望。而这种一味迎合他人需求的做法，渐渐让她对自身价值产生了深深的怀疑，内心满是迷茫与不安。

离开家后，松子将期望都寄托在男人身上，希望能从他们那里获得认同，填补内心的空虚与缺失。每当期望破灭，她便陷入更深的自我怀疑，更加坚

信只能通过讨好来确认自己的价值。就这样，她陷入了恶性循环，在迷失的道路上越走越远。她不停地在心底默念："如果我足够出色，就能被接纳。"殊不知，恰恰是这种持续迎合他人期许的行为，将她的世界一点点碾碎。

松子的一生，承载着太多无法摆脱的期望——来自父亲、恋人、社会，还有她自己。她所有的努力，到头来都化为了难以承受的重压。

爱的底层逻辑

很多女性从小会被灌输一种观念，即"为他人付出"是她们的分内之事，然而这种期许时常逾越了她们的个人边界。女性的价值仿佛总是与迎合他人的期待深度捆绑，而非依托自身的独立性与独特个性来彰显。

这种期望的形成，通常源自传统社会对女性角色的一种潜在设定——要"乖巧懂事""温柔和顺"，持续去迎合他人的需求。这些期望往往来自父母、恋人或者社会，让许多女性难以抵御，毕竟她们从小就被教育要"照顾他人""顺从别人"，鲜少被鼓励坚守自己的立场。而且，加诸她们身上的期望通常并不是明确的目标，而是无休止的苛求——"你还能做得更出色些"或者"你不能让大家失望"，诸如此类的隐形压力，极易让女性产生一种错觉，认为自己存在的意义就是服务他人，从而忽视了自身的需求。

这些期望并非建立在平等与相互理解的基础之上，而是源自传统的性别角色期待。女性被要求没完没了地迎合他人，而这种迎合的背后，隐藏着对女性自我身份认同的压抑。也正因如此，女性常常在恋爱中深陷自我怀疑与过度自责的泥沼，反复将自身的表现与伴侣的期望进行比较，直至在伴侣强行赋予的角色里迷失方向。

恋爱清醒指南

从小到大所接受的性别角色教育，让一些女性逐渐养成了迎合他人的习惯，忽视了自身真正的需求与内心的声音。在这种长期形成且难以改变的社会期许面前，女性如何坚守自我，防止在尽力满足他人期望的过程中迷失，已然成为必须正视并解决的重要课题。

- **明确个人需求与界限**

面对来自外界，尤其是恋人的期许，女性要学会甄别哪些是自己愿意接受的，哪些逾越了个人边界。一直以来，女性常被要求承担“照顾他人”的责任，自身的需求却遭到漠视，所以设定清晰的情感界限至关重要。要勇于拒绝不合理的要求，明确地告知伴侣哪些期望让自己不堪重负，避免让自己沦为无休无止迎合伴侣的人。比如，面对繁重的家庭责任时，要大胆提出分担的需求，不要独自扛下所有压力。

- **定期自我反思与评估**

女性要时不时停下匆忙的脚步，回顾自己在恋爱关系里被赋予的角色以及相应的期许，是否契合自己的价值观和人生追求。传统性别角色往往要求女性把“温柔”“奉献”当成主标签，导致她们在迎合外界期望的时候忽视了自我需求。而通过定期反思、评估自身的情感状态，适时调整方向，女性能够避免因外界期许而迷失，保证自身的需求被看见。

喜欢泼冷水，再好的爱情也会逐渐冰封

爱情案例

王悦和赵辉相识于一场朋友聚会，两人一见倾心，很快便坠入爱河。王悦受成长环境和传统观念的影响，情感丰富细腻，恋爱后就把赵辉当成了生

活的中心，满心希望用爱构筑温馨的二人世界。而赵辉成长在一个由男性主导的传统家庭里，他的父亲和母亲沟通时，语气多是指令式、批评式的，这使得他在恋爱中表达想法时，也不自觉地带上了冷峻、挑剔的色彩。

有一次，王悦得知赵辉喜欢的某品牌运动鞋出了新款，于是省吃俭用一个月，在他生日那天满心欢喜地将鞋子递到他面前。哪知赵辉不但没有露出王悦期待的惊喜神情，反而皱眉道："你买这么贵的东西干什么？"王悦的心里像被重锤敲了一下，可还是强忍着委屈，轻声说："你说过喜欢，我就想给你一个惊喜……"赵辉数落道："喜欢是一回事，拥有是另一回事。我们现在收入都不算高，你就不知道为将来打算一下吗？"后来，在赵辉的强烈要求下，王悦把鞋退掉了。

还有一次，王悦辛苦筹备了一顿浪漫的户外野餐，从挑选地点、准备食物到布置场地，每一个环节都倾注了她的心血。可是赵辉对她的安排很不满意，说："这地方多不安全啊，虫子又多，食物看着也不卫生，下次别搞这些没用的了。"王悦精心营造的浪漫氛围瞬间被击碎，她默默收拾着餐食，开始反思是不是自己真的做得太差劲。

随着交往的深入，类似的事情不断发生。王悦精心打扮去约会，赵辉嫌她妆容太艳；王悦学画画培养兴趣，赵辉说浪费时间，不如多做家务。终于，王悦的热情和爱意被赵辉的冷水浇灭，选择了和赵辉分手。

爱的底层逻辑

在恋爱关系里，有些人更希望与对方有深度的情感联系。比如，王悦就把恋爱当成了生活的核心。她喜欢精心准备礼物、策划浪漫的活动，通过这些方式向伴侣表达爱意，同时也满足自己在情感方面的需求。

而也有一些人往往更关注物质保障与未来规划，并且习惯采用指令式、批判式沟通。比如，赵辉就深受父亲的影响，面对王悦充满爱意的举动，他总是从实用主义的角度出发给出负面反馈，而忽视了对对方的情感呵护。这种泼冷水的方式不断冲击着王悦的积极性，日积月累，她的热情和自信被消磨殆尽，陷入习得性无助，最终选择分手。

这警示恋爱中的双方：认识并尊重个体差异，给予对方积极的情感回应，是维系健康恋爱关系的关键。否则，再炽热的爱也会被冷水的浇灭。

恋爱清醒指南

恋爱双方受成长环境和社会固有模式影响，在为人处事方面存在巨大差异。当矛盾产生时，双方如果不及时调整认知，就会使关系愈发紧张。

● 自我反思与性格认知重塑

恋爱双方需定期独处反思，寻找自身行为受成长环境影响的痕迹，深入剖析自己性格的形成过程，思考成长环境中的关键事件如何塑造了如今的自己。通过反思，你能更全面地认识自己的性格特点。接下来，可以通过拓展社交体验、记录性格变化、设定性格目标等方式重塑性格认知，为适应恋爱关系做出积极改变。

● 深度沟通，理解的对方世界

互相倾听、平等交流，是解决性格差异导致的矛盾的“润滑剂”。可以安排专门的时间，与伴侣坦诚交流彼此的成长经历。详细讲述那些对自己性格产生重大影响的人和事，让对方走进你的内心世界，理解你某些行为背后的深层原因，从而减少因误解而产生的矛盾。例如，一方在单亲家庭中长大，对亲密关系既渴望又恐惧；另一方了解后，就能给予更多的耐心与包容。

● 建立共同目标，互相尊重

恋爱双方可以共同探讨并确定一些长期和短期目标，比如一起存钱旅游、学习新技能、培养新爱好等。在追求这些目标的过程中，双方能找到共同的节奏，拉近心理距离。同时，要尊重对方与自己不同的性格特点。比如，一方喜欢社交聚会，另一方偏爱安静独处，那就协调安排时间，既满足社交需求，也保留个人空间。

不要急着下定论，也许你根本没看清

◆ ◆ ◆

爱情案例

杜豪和刘瑶经朋友介绍，在一次聚会上相识。杜豪热情开朗，初次见到刘瑶，就被她文静温婉的模样深深吸引。自那之后，每天清晨，杜豪都会给刘瑶发去温馨的早安问候；夜晚，不管多忙多累，总要跟刘瑶道一声晚安；一有空，他就迫不及待地约刘瑶出去吃饭、看电影。他满心期待刘瑶能给予同样热烈的回应，迅速确定恋爱关系。可是刘瑶性格内敛，对待感情格外谨慎。虽然她在心里对杜豪充满了好感，但还是更愿意通过日常相处慢慢观察杜豪的为人、品性，用时间来建立信任、培养感情。

随着相处的深入，杜豪对刘瑶的爱意愈发浓烈，按捺不住的他精心策划了一场浪漫告白。在城市最热闹的广场，他捧着一大束鲜艳欲滴的玫瑰，在众人的起哄声中走向刘瑶。本以为刘瑶会开心答应，结果她面露难色，轻声说："我还想再了解了解。"杜豪满心失落与疑惑，甚至怀疑刘瑶根本不喜欢他。

往后的日子，杜豪的热情里掺进了急躁。他频繁质问刘瑶的心意，刘瑶则在压力下愈发退缩。两人渐渐产生了矛盾，杜豪抱怨刘瑶太过冷淡，刘瑶则认为杜豪不懂尊重她的节奏。

终于有一天，两人决定好好聊聊。杜豪倾诉了自己对热烈回应的渴望："我做这些只是盼着你多给我点儿回应，可你总是这样，让我觉得自己是热脸贴了冷屁股，太难受了。”刘瑶也袒露了内心的想法：“我觉得人与人之间的相处不能只凭一时冲动，恋爱更是如此。我是真喜欢你，才想和你慢慢相处，用时间去检验我们合不合适，你能理解我吗？”

这次谈话后，杜豪努力克制急切的心情，给刘瑶留出空间；刘瑶也开始主动跟杜豪分享日常生活和内心的想法。慢慢地，两个人找到了合拍的节奏，感情在相互理解、磨合中升温，最终确定了恋爱关系。

爱的底层逻辑

一种人在感情里大多倾向于快速投入，急切地期望能马上得到对方的回应，确定关系，情感表达较为直白。与之不同，另一种人通常在感情方面更加谨慎、内敛，他们往往需要一段时间慢慢积累信任，逐步建立情感连接。

当这两种人在一起时，这种差异不单单体现在情感进展的节奏快慢上，还体现在双方对感情的认知以及各自需求的不同上。一方常常习惯用热烈的情感表达来确定关系是稳固的，另一方却更看重感情的深度，追求彼此内心的契合与共鸣。如果双方都不能充分了解对方在感情中的需求，一方过早给感情下论断，另一方又没能跟上对方的节奏，两人的关系就容易出问题，甚至走向破裂。

恋爱清醒指南

在恋爱关系中，情感节奏的差异常常成为冲突的根源。这种节奏上的不一致，可能导致一方感到被压迫，另一方则觉得不被重视。解决这一问题的关键在于理解并尊重彼此的情感节奏，找到共同的节奏和步伐。

- **设定开放的沟通渠道**

良好的沟通是解决节奏差异的关键。双方可以坦诚讨论自己的情感需求与期待。比如，希望快速投入的一方可以明确表达自己对感情的憧憬；而另一方可以告诉对方，自己需要更多的时间来建立信任。通过这种方式，双方可以减少误会，并对彼此的节奏有更清晰的了解，从而避免因急于推进关系而徒增压力。

- **尊重彼此的节奏差异**

理解对方的节奏差异，尊重彼此的步伐，是建立健康关系的关键。如果一方急于推进感情，另一方可以表达自己需要时间，同时给予对方适度的关心与陪伴。这种方式不仅有助于让双方在各自的节奏下找到更舒适的平衡点，还能增进感情的稳定性，还能增强双方的情感联系。

走出崩溃关系，取悦自己，和谁恋爱都精彩

有时候，当我们陷入一段不健康的关系时，会习惯性地为了维持平衡而去讨好对方，忽视了自己的感受和需求。这样的关系会让人逐渐失去自我，甚至在关系崩溃后仍不放手。这时，我们需要重新审视自己，学会为自己而活。学会爱自己，让内心的平静与自信成为我们前行的力量，让未来的每一段关系都变得更加精彩和自由。

不是你的，就算十指紧扣，也依然走漏

爱情案例

在一次寻常的朋友聚会上，李悠认识了张泽。张泽幽默风趣的谈吐和帅气逼人的外表，迅速抓住了李悠的目光，让她心动不已。从那之后，李悠就像着了魔一样，开始疯狂追求张泽。每天，她都会主动给张泽发无数条消息，从日常小事，到网上看到的新奇段子，都一股脑地分享过去。尽管张泽只是偶尔回复一条，但她每次都开心得不得了。

有一回，张泽随口提了一句喜欢某款香水，李悠便默默记在心里，在之后的几个月里省吃俭用，甚至戒掉了平时最爱吃的零食，终于赶在张泽的生日之前，攒够钱买下了这款香水送给他。还有一次，张泽说想去看深夜场电影，李悠全然不顾第二天自己有一场重要考试，毫不犹豫地陪同前往，结果第二天考试时哈欠连天，状态极差。

在李悠的死缠烂打下，张泽终于答应和她在一起。然而恋爱初期，问题就接踵而至。张泽很少主动关心李悠，每次约会总是迟到，让李悠在冷风中苦等。两人的兴趣爱好更是南辕北辙，李悠喜欢追剧，对新出的热门电视剧如数家珍；张泽却痴迷于电竞游戏，经常和队友们在网吧一待就是一整天。

矛盾终于在李悠生日这天彻底爆发。张泽竟然忘记了这个重要的日子，李悠满心委屈，而张泽只是敷衍地说了句“对不起”。李悠的朋友实在看不下去，纷纷劝她放手，她却哭着说：“我为这段感情付出了这么多，怎么能轻易放弃啊！”

随着时间的流逝，张泽对李悠更加冷淡，平日里的联系越来越少，见面时也总是心不在焉。但是，李悠固执地认为，只要自己再多付出一些，张泽就一定会真正爱上她。直到有一天，她偶然看到张泽和另一个女孩谈笑风生，那一刻，她的心彻底碎了。她开始反思这段感情，脑海中突然浮现出那句“强求来的爱情难以长久”，这才惊觉自己从一开始就大错特错。这一次，李悠没有再像从前那样纠缠不休，而是毅然决然地选择转身离开。

爱的底层逻辑

李悠在遇到张泽后迅速进入“恋爱脑”模式，将张泽的需求置于首位，以为通过不断给予就能换来同等的回应，却不知这种失衡的付出从一开始就为感情埋下了隐患。

在恋爱初期，双方的问题就暴露了出来。张泽的不主动、约会迟到以及兴趣爱好的巨大差异，都是这段感情不和谐的信号。但李悠依然强行推进关系，不仅违背了感情的自然发展规律，还将自我认同感与这段感情深度捆绑，因此越陷越深。

好在李悠最后经过反思，意识到了过往的错误。领悟到“强求来的爱情难以长久”，是她认知重构的关键转折点；毅然转身离开，则是她勇敢打破情感依赖枷锁的重要一步。

恋爱清醒指南

爱情原本应该是自然而然发生的，需要两个人心灵契合才行，绝不是一方单方面付出，还强行要求对方给予同等回应。如果我们过于强求某一段感情，那么即使暂时得到了，也往往会以痛苦收场。

- **学会放手并接受现实**

我们要放下试图掌控感情走向的执念，明白不是每段感情都会照着自己预想的计划发展。如果付出感情却得不到回报，那就要学着去理解、接受，别再一味地坚持不放手。可以静下心来自我反思，梳理内心真正的需求，勇敢放下那些和自己预期不符的感情关系。要知道，放手并不意味着失败，而是给自己和对方都留出空间，去找到更合适的人，开启更合适的感情。

- **培养理性沟通和管控情绪的能力**

在感情里遇到不安、困惑的时候，要学会理性地去沟通，别靠猜疑、强迫来解决问题。可以坦诚地跟对方说一说自己的感受，把自己的需求讲出来，与此同时，也要认真倾听对方是怎么想的。在恋爱关系中，情绪管理特别重要。通过冷静地反思以及有效地沟通，我们能更清楚彼此的关系，避免在那些自己掌控不了的情感问题上过度纠结。

那些遗憾，不要留恋，要学会决断

爱情案例

黄小雅最喜欢的电影是《廊桥遗梦》，尤其是雨中分离的情节。每次看到弗朗西斯卡站在车窗前，眼中含泪却未曾下车，小雅总会叹息：“如果是我，我一定会下车。”她常想，如果自己能像电影里的女主角一样果断，是否能拥有不同的人生。

然而，小雅的现实生活却是一场拉锯战。她与大学恋人陈浩分手多年，却一直未能彻底放下。分手时，陈浩留在家乡发展，而她去了另一座城市追求事业。虽然陈浩挽留过她，但她固执地认为距离不会增进感情，只有同频的目标才能让彼此走得更远，因此选择和陈浩分手。然而，这些年来，她没有遇到过比陈浩更合适的人。每当回忆起过去，尤其是大学时那些平凡的生活片段——食堂门口的小吃摊，拥挤的图书馆，周末的廉价电影票——她都感到深深的遗憾。

一次偶然的机会，小雅在老同学的聚会上见到了陈浩。此时的他比以前成熟了许多，事业蒸蒸日上。两人寒暄了几句，陈浩笑着提起了一些往事，但很快就转移了话题。他的语气依旧温和，却带着一丝难以捉摸的疏离感。看着这样的陈浩，小雅心中五味杂陈，遗憾的感觉更加强烈了。

聚会结束后，陈浩主动送小雅回家。他们一个沉默地开着车，一个一言不发地看着窗外飞驰而过的景色，气氛有些沉重。小雅几次想开口表达心中的想法，却始终没有勇气说出口。直到车停在了她所住的公寓楼下，她才终于鼓起勇气问陈浩："如果当初我选择留下来，我们会不会有不同的结局？"

陈浩微微一愣，沉默了片刻，然后摇头说道："过去的事，谁也说不清楚。你一直想着'另一个结局'，会让现在的你更开心吗？"小雅没有再说话。她下了车，看着陈浩的车尾灯消失在夜色中，心中充满复杂的情感。

几天后，小雅独自在家重温《廊桥遗梦》。当看到熟悉的雨中分离的情节时，她突然明白了什么。也许，那扇没有开启的车门代表的不仅是遗憾，也是一种选择。过去的事已经过去了，不管遗憾与否，都无法重来。正如电影中的弗朗西斯卡最终选择留在家人身边一样，自己也要学会决断，放下那些无尽的"如果"，才是最好的解脱。

小雅合上笔记本电脑，窗外夜色如幕。

爱的底层逻辑

遗憾之所以存在，本质上是因为对没有实现的执念。当人们回首过往，总是难免将过去理想化，认为如果当初选择的是另一条路，那么现在的人生将会更加美好。这种思维会让人不自觉地陷入对"另一个结局"的假想中，忽略了当下的真实生活。

停留在遗憾中，是一种心理上的停滞。过去的选择往往是基于当时的环境、心境和需求做出的，但人们倾向于用现在的视角重新审视过去，给未选择的路径赋予过高的期待。于是，“如果当初”变成了一个难以逃脱的漩涡，把人拉入对不可触及的可能性的反复想象中。

更深层次的原因在于，人们害怕接受遗憾的不可逆性。承认错过本身，就意味着要接受某些结果无法挽回的事实，而这会让人感到无力。因此，怀念过去似乎成为一种自我安慰的方式。然而，这种方式不仅无法带来内心的平和，反而会让人逐渐丧失面对当下的勇气。

恋爱清醒指南

每个人都难免会在某些时刻遭遇遗憾，而那些已经成为既定事实、无法更改的过往，往往最令人刻骨铭心，将人困在“如果”的假设情境里，难以释怀。而成长就是学会如何与遗憾和解、共处。面对遗憾时，唯有果断抉择、勇敢放下，才能走出内心的困境，迎接新的生活。

● 直面过往，放下那些“如果”

遗憾往往源于对过去的执着。无论是错失的机会，还是无法追回的人或事，都属于过去。接受这一点，能够帮助你放下内心的负担，不再纠结于“如果”或“应该如何”，而是着眼于怎样活得更好。可以举行一个明确的“告别仪式”，比如写一封告别信，表达对过去的释怀，然后将信撕掉或烧掉，促使自己真正从过去走出来。

● 理解遗憾的意义，学会从中汲取力量

遗憾并不一定是负面的，它也可以是成长的契机。换个角度看待遗憾，也许能帮助你找到新的动力。可以复盘过去，反思遗憾背后的教训，列出你从中学到的东西，让它成为你成长的助力。

● 放下执念，做出决断，拥抱新的开始

当你把精力放在未来的可能性上，而不是过去的遗憾上时，你会发现生活依然充满希望。设定新的目标，投身于新的挑战，将注意力转移到“未来能成为什么样的人”上，而不是“曾经错过了什么”。

不该爱的人，趁早了断，及时止损

爱情案例

李琳和王凯相恋多年，感情一直很好。李琳是一个善良且深情的女孩，一旦爱上一个人，就会全心全意地付出。比如，王凯在工作上遭遇瓶颈时，李琳会放弃自己的休息时间，熬夜帮他整理资料、出谋划策；王凯喜欢在家吃饭，李琳就在网上搜集菜谱，苦练厨艺，只为每天能让他吃到可口的饭菜；她用自己的积蓄为王凯购置高档的职场服装，却不舍得为自己买一件新衣服。

然而，随着时间的推移，王凯对李琳的态度悄然发生了变化。他开始频繁加班，回家的时间越来越晚，对李琳精心准备的晚餐也只是敷衍几句。周末的时候，他宁愿跟朋友出去喝酒聊天，也不愿陪李琳看一场电影。

一天，王凯难得有时间陪李琳出去吃火锅。两人一起点菜时，王凯的手机收到了一条短信，他快速点开后，又赶紧关掉了。可在这短短几秒里，李琳已经看到了让自己心头一紧的东西：王凯和一个女生的聊天记录。虽然她只能看到当前屏幕里的几条记录，而且根本来不及逐字逐句地去看，却已经能从字里行间感受到王凯对这个女生的过分热情。

但是，李琳不愿相信自己的眼睛，她安慰自己：那个女生也许只是普通朋友，王凯对自己冷淡只是因为工作太忙，而自己也有做得不够的地方。于

是，她对王凯更加体贴，并开始用心打扮自己，认为这样就能让王凯回心转意，然而一切都无济于事。直到有一天，李琳在镜子中看到面容憔悴、眼神黯淡的自己，突然如梦初醒：这段感情早已失衡，自己已经在不断付出中迷失了自我。

痛定思痛，李琳决定放手。当她向王凯提出分手时，王凯只是象征性地挽留了一下。一开始，李琳感觉心里空落落的。但慢慢地，她找回了自己：她重新投入工作，凭借努力获得了晋升的机会；她重拾自己的爱好，和朋友一起旅行，快乐而又充实。在这个过程中，李琳明白了，不该爱的人要趁早了断。放手不是失败，而是对自己的救赎。

爱的底层逻辑

在感情中，最重要的不是为对方付出多少，而是能否在对方眼中看到自己的价值。许多人在感情中，往往因为盲目付出而忽视了自己的情感需求。当一段关系变得不再平衡，付出远小于回报时，强行维持不仅会让自己心力交瘁，更会逐渐侵蚀自身对自我价值的正确认知，让自己逐渐迷失方向，变得愈发不自信。

真正的爱情应当建立在彼此尊重和相互理解的基础之上，绝不是一方毫无保留地付出，另一方却无动于衷，更不是让自己陷入无尽的自我否定与责备之中。要知道，每个人的价值都应当由自己来定义和实现，绝不能依附于他人的认可，尤其不能把一个已经不再爱你的人当成唯一的寄托。感情的真谛在于相互扶持、共同成长，而非在拉扯与折磨中互相消耗，磨灭自己对生活的热情和对未来的希望。

如果一段感情让你感到身心俱疲，甚至使你开始不断怀疑自己的能力和魅力，那么或许是时候放手了。及时止损是对自己最好的保护，只有勇敢地放下过去的包袱，才有机会找回那个独立、自信且充满活力的自己，拥抱更加美好的新生活。

恋爱清醒指南

在爱情摇摇欲坠时，很多人会因情感依赖或不舍而拖延决断。然而，长时间的优柔寡断不但无法解决问题，反而会让自己陷入更加痛苦的境地。如果你察觉到自己正处于一段不健康的感情关系中，就需要勇敢决断，及时止损，保护自己。

- **理性剖析情感走向，敏锐捕捉警示信号**

当你感受到感情中的天平开始失衡，就要及时审视这段感情。比如，留意对方是否逐渐漠视你的情绪，交流是否日趋冷淡。此时，不要仅凭情感冲动来解读问题，而要运用理性思维剖析情感的动态变化，精准识别其中暗藏的危险信号。通过这种方式，可以清晰洞察这段感情是否已偏离正轨。

- **坦诚沟通，如实袒露心声**

遭遇情感困扰时，切不可沉默不语、暗自揣测，而应主动出击，与对方坦诚交流。不妨直截了当地询问对方是否有所改变，抑或对这段感情是否已经意兴阑珊。在沟通过程中，要保持冷静平和的态度，条理清晰地向对方传达自己内心的真实感受，即便最终答案令人心痛。通过这种直接的沟通方式，你能够更快洞悉对方的真心实意，进而决定这段感情的去留。

- **划定底线，毅然退场**

沟通之后，如果对方的态度依旧没有改变，甚至毫无诚意可言，那就要为感情划定底线，明确界定哪些行为是自己绝对不能容忍的。一旦对方逾越了这条底线，就要迅速付诸行动，终结这段关系，切勿陷入“期待对方改变”的幻想中，反复在痛苦中纠结挣扎。要牢记，为自己设立底线并果敢退场，才是真正对自己负责的明智之举。

别在这个人身上，寻找前任的影子

◆ ◆ ◆

爱情案例

在失恋后的那段时间，叶楠整个人仿佛被抽走了生气，觉得周遭的世界都变得灰暗无光。她和前任相恋两年，分手的那一刻，她的心里空落落的，像被狠狠挖去了一块。朋友们劝她要往前看，可她就像陷入了深不见底的泥沼，怎么也挣脱不出来。

没过多久，叶楠在朋友组织的聚会上结识了方然。方然开朗阳光，初次见到叶楠，就被她周身散发的忧郁气息所吸引，之后便时不时约她出去玩。叶楠起初没太在意，只是偶尔答应赴约。但是随着交往渐多，两人自然而然走到了一起。

然而在一起后的叶楠，却让方然有些无所适从。他们一起去看电影，叶楠会突然说起前任喜欢坐在什么位置；他们出去吃饭，叶楠会下意识地点前任爱吃的菜品，而不考虑方然的口味；日常聊天时，叶楠也常常把话题带到前任身上，絮絮叨叨地讲着过去和前任的琐碎日常。

有一回，他们在海边散步，夕阳的暖光洒在沙滩上，本是无比浪漫的场景。方然轻轻握住叶楠的手，正准备说几句贴心话，叶楠却望着大海，幽幽开口："我和他以前也来过这儿，那时……"方然心里咯噔一下，到嘴边的话瞬间噎住。他尝试跟叶楠交流，表明自己不想活在前任的阴影下，可叶楠每次都眼神空洞地应付几句，接着又沉浸在回忆里。慢慢地，方然的热情被一点点耗尽，他感觉不管自己怎么努力，都没有办法真正走进叶楠的心里。

最终，方然选择了放手。在一个夜晚，他平静地对叶楠说："我不想再当别人的替身，希望你有一天能彻底放下过去，找到属于自己的幸福。"叶楠听到这句话，如梦初醒，看着方然离去的背影，泪水夺眶而出。她这才意识到，因为对过去的执念，她弄丢了一个真心待她的人，而她也在这错位的寻觅中，错失了享受新恋情的机会。

爱的底层逻辑

一个人已经处于新的恋爱关系中，却频繁地在对方身上捕捉前任的痕迹，从本质上来看，这是此前未能妥善处理的情感仍在延续。以叶楠为例，她对前任的思念和遗憾，并未随着时间的推移，经自我调整而得以充分消解，反而隐匿在潜意识深处，悄然渗透进了与方然的日常相处之中。这种不自觉地把针对前任的情感投射到现任身上的现象，并非刻意之举，而是源于内心深处对过往感情的执着，企图借由当下的恋爱关系填补往昔的遗憾。

此类投射行为蕴含着很高的风险，它仿佛为新伴侣构筑了一个无形的禁锢框架，致使新伴侣很难以真实的本我面貌被认知与接纳。在这种状态下，新伴侣的一言一行都会被持续不断地拿来与前任进行对照、衡量。这样频繁地比较，不仅会让新伴侣产生不被尊重的感觉，还会使两人之间的恋爱关系陷入一种失衡的状态。

那些被过往感情束缚的人，往往难以分辨自己钟情的究竟是当下的伴侣，还是内心深处那场没有结局的情感幻梦。他们构建起来的恋爱关系注定根基脆弱，毕竟其并非依托于切实的互动交流和真挚的情感共鸣，而是源自内心深处那一团尚未解开的情感乱麻。

恋爱清醒指南

身处一段新恋情时，人们常常会不自觉地把前任的影子带入当下关系，尤其当新伴侣身上出现些许与前任相似的特点时，这种情况就更容易发生。这种无意识的比较，会妨碍人们去认识、接纳新伴侣，从而难以尽情享受此刻的恋爱滋味。想要改变这一状况，关键在于要从心底彻底放下过去，把心思聚焦于眼前这段感情。

- **避免拿新伴侣和前任作对比**

一旦察觉到自己正下意识地进行此类对比，不妨稍作停顿，在心里告诫自己："每个人都是独一无二的个体，有着专属的魅力。"可以多默念几遍"他是不一样的"，以此克制对比的冲动，把注意力转移到对方的特点以及你们之间的相处点滴上。

- **回味与新伴侣的专属时刻**

把注意力集中在你们一同缔造的美好回忆里。比如第一次一起出游、第一次一起完成某个任务，或是初次见面的美好时光，这些特别的瞬间能帮你积攒独属于两人的记忆，避免过去的影子干扰当下的情感。如此，便能让你将更多的精力放在当下，而非沉湎于往昔。

- **以开放的姿态了解新伴侣**

学着去欣赏伴侣的爱好、习惯和性格，切勿与过往的人和事相比较。不妨和新伴侣携手探索新鲜事物，不管是共同培养新兴趣，还是一起体验未曾有过的经历，这些都有助于你从内心驱散前任的影子，全身心拥抱与现任的感情。

继续往前走，终有人愿意陪你颠沛流离

爱情案例

杨锦曾经是个彻头彻尾的"恋爱脑"。她与初恋男友相恋多年，为他付出

了自己的一切。她会在男友加班的深夜，独自穿梭大半个城市为他送去一份热粥；男友随口一提喜欢某件东西，她会记在心里许久，想尽办法满足。然而，这段感情并没有换来同等的珍视，男友最终以一句“性格不合”选择分手。那一刻，杨锦觉得自己的世界崩塌了，她整天把自己关在房间里，反复回忆着过往的点点滴滴，沉浸在失恋的痛苦中无法自拔。

之后的日子，朋友给杨锦介绍了好几个男生，可她都没有兴趣，直到遇见陈浩，一个看起来有些腼腆但眼神透着真诚的男生。起初，杨锦对陈浩并没有特别的感觉，但陈浩对杨锦一见钟情，并展开了追求。杨锦坦言自己还放不下前任，但陈浩表示没有关系，自己可以等。

就这样，杨锦和陈浩开始以普通朋友的身份相处。一次，两人一起去爬山。山路崎岖，杨锦不小心崴了脚，陈浩毫不犹豫地蹲下，轻轻抬起她的脚查看伤势，眼神里满是关切，然后小心翼翼地帮她按摩，缓解疼痛。这一幕让杨锦有些恍惚，记忆中，初恋男友从来没有这样细致入微地照顾过她，哪怕她生病难受，对方也只是敷衍几句。可她很快回过神来，心底那道旧伤让她下意识推开了陈浩伸过来的援手，独自一瘸一拐地继续往前走。陈浩没有生气，只是默默地跟在后面，在杨锦体力不支时，适时递上一瓶水，轻声说：“别逞强了，我陪着你。”

日子一天天过去，杨锦还是会时不时陷入回忆，在陈浩面前提及前任。陈浩每次都安静地倾听，然后轻声安慰她。渐渐地，杨锦开始察觉到陈浩的好。他记得杨锦的每一个小喜好，会在下雨天特意给她送伞，会精心准备她最爱的蛋糕。无数个暖心的瞬间，让杨锦冰封的心慢慢融化。她终于明白，过去的已经过去，自己应继续往前走，眼前这个人才是真心愿意陪她走过一生的人。

爱的底层逻辑

杨锦在初恋中形成了过度依赖的情感依附模式，导致失恋后价值体系崩塌。而陈浩的出现及追求，让杨锦有了重新审视自我价值和情感需求的机会，逐渐打破了对感情的不健康依附，重建自我价值认知，从而得以更好地在新的感情中前行。

杨锦从执着于初恋的痛苦中走出，到最终选择陈浩，是一个情感成长与选择的过程。她在与陈浩相处的过程中，不断对比过去与现在，意识到陈浩才是更适合陪她走过风雨的人，从而完成了情感的升华和选择的转变。这说明人在情感经历中需要不断成长，学会放下过去的遗憾，勇敢地走向新的感情，才能找到那个愿意陪自己走过一生的人。

恋爱清醒指南

感情的打击往往会让人深陷痛苦之中，甚至濒临崩溃，让人感到世界仿佛都停止了转动。在这种情况下，打破旧有情感模式的禁锢，重建信任，是完成从执着于旧情到接纳新爱的转变的关键。

- **梳理情绪，打破禁锢**

当被回忆侵袭、情绪低落时，不要压抑，可以通过写日记详细记录内心的想法，梳理情感脉络，或是找一个安静的空间尽情宣泄悲伤。同时主动转换视角看待失恋，把它当成自我成长的契机而非灾难。多参与社交活动，比如兴趣小组、朋友聚会，在新环境里接触不同的人，拓宽视野，慢慢让内心世界丰富起来，减弱对旧情的执念，为打破禁锢奠定心理基础。

- **渐进式信任重建**

重建信任需要循序渐进，从小事开始重新接纳他人。可以先与潜在的新伴侣建立轻松的朋友关系，给彼此互相了解的空间。遇到困难时，观察对方的反应，如果对方真诚相待，就可以慢慢卸下心防。遇到分歧时要坦诚沟通，表达感受和需求，感受被尊重、理解的过程，累积信任。还可以设定小目标，每达成一次有效互动，就给自己正向激励，逐步强化内心的信任。

终极觉醒：
与其恋爱脑，不如爱自己

真正的浪漫，始于将自己视为最珍贵的诗篇——不乞求被他人照亮，而是活成自己的光。爱自己，才是所有关系的终极答案。当你停止从他人眼中确认自己的价值，当你的世界不再围着某个人旋转，你会发现：原来最动人的玫瑰，从来都开在自己的园圃里。

一键卸载恋爱脑，重启健康恋爱脚本

爱情案例

杨清清从小就是一个对爱情充满幻想的女孩。她喜欢看浪漫的爱情电影，总希望自己能遇到一个“命中注定”的爱人。在和陆阳相恋后，她内心的这种憧憬被迅速放大。陆阳是一个阳光幽默的男生，她给清清的每一个微笑、每一句称赞，都让清清觉得自己找到了全世界最值得她爱的人。她开始全身心地投入这段感情中，甚至改变了自己原有的生活方式，只为迎合陆阳的习惯。

起初，两人的关系和谐甜蜜。清清为了让陆阳开心，学会了他喜欢的滑板运动，也尽力融入他的朋友圈。甚至因为陆阳觉得异地恋太累，她就辞掉了原本很有前景的工作，搬到陆阳所在的城市重新开始。就这样，清清的世界渐渐被爱情填满了。

然而，随着时间的推移，清清开始感到疲惫。她放弃了原有的职业规划，却发现新工作并不如意；她减少了与朋友的联系，却发现陆阳的社交生活依然丰富。一次，她为了给陆阳准备生日惊喜而忙碌到深夜，陆阳却因朋友聚餐而迟到。当他说“没想到你这么认真，不过也不用这么辛苦吧”时，清清第一次觉得失落。

之后的一段时间，清清的情绪很是低落。她开始思考：自己付出了这么多，换来的为什么是疲惫，而不是满足和幸福？一次加班后，她独自坐在空荡荡的办公室里，忽然意识到，自己的生活好像已经偏离了原来的方向。

这一刻，清清下定决心要为自己做出改变。她既没有跟陆阳争吵，也没有埋怨陆阳，而是从自己的生活着手。她恢复了每日晨跑的习惯，并主动联系朋友，倾诉内心的困惑。此外，她还报名参加了一门摄影课程，尝试通过镜头记录生活中的点点滴滴。这些看似微小的改变，让清清的生活变得充实起来，身心也充满了活力。

而且，清清的改变不但没有把陆阳推远，反而让这段关系有了新的平衡。清清不再把所有精力放在迎合陆阳上，而是坦然地与他分享自己的进步和感悟。她也学会了表达自己的需求，而不是一味地付出。比如，当陆阳提出周末和朋友聚会时，她会说："我晚上要上课，可以提前一起吃个饭吗？"陆阳发现了清清的变化后，开始欣赏她的生活态度，也因此更加珍惜两人相处的时光。

就这样，清清和陆阳的爱情逐渐进入了健康状态。清清不再感到疲惫，也不再执着于取悦陆阳，而是学会了在感情中保留自我。她明白了一个道理：爱情是两个人的成长，而不是一个人的奔赴。她不仅守住了这段感情，还让自己的人生变得更加丰富多彩。

爱的底层逻辑

恋爱脑的本质，是在感情里双方的重心失衡。当一个人把爱情当作生活的全部时，就特别容易忽视自己的需求，过度依赖两人的关系。在这种模式下，人会慢慢失去独立性，把对方的态度当作评判自身价值的唯一标准。但实际上，真正健康的爱情，不是一方独自努力，而是双方一起成长。

当然，恋爱脑并非无法改变。要想从恋爱脑状态中觉醒，靠的不是外界干涉，而是自己对现状进行反思。当你开始重新审视自己的生活，察觉到在感情里投入和付出不平等时，改变的契机就来了。在感情中具备自我觉察的能力，是让失衡的感情关系走向平衡的第一步。

恋爱不该是一场自我消耗的旅程。在恋爱中，双方应在相互尊重与关怀的基础上，帮助彼此成为更好的自己。爱不是牺牲自己，也不是一味迎合对方，而是在平等的基础上产生共鸣、进行互动。只有在感情里保持自我，爱情才能真正成为推动双方前进的力量，而不是阻碍发展的束缚。

恋爱清醒指南

意识到自己陷入恋爱脑，是迈向改变的第一步。想实现自救，就要采取实际行动，让爱情重新回到健康的状态。

- **设立“生活独立日”，平衡感情占比**

每周选择至少一天作为“生活独立日”，专注于自己的兴趣和成长，不主动联系对方，也不刻意迎合对方的需求。比如，这一天可以参加健身课程、去书店、和朋友聚会，甚至完成工作或学习任务。有意识地安排这些独立活动，能让爱情慢慢从生活的唯一核心，变成生活的一部分。

- **列一份“感情成本清单”，明确投入与回报**

回顾过去一个月，你在时间、金钱和情感方面为对方做过的事，以及对方为你做的事。然后将两者对比分析，看看你在这段关系中的付出与收获是否对等。如果发现自己的投入远远超过对方，或者对方对待感情的态度一直含糊不清，那就要果断减少无意义的付出。通过量化在感情里的投入，你能更直观地发现关系中存在的问题，避免继续深陷在不对等的情感状况里。

提升内在价值，拥有势均力敌的恋爱

爱情案例

江慧和顾川的相遇，像极了偶像剧的开场。顾川是公司里高冷的部门主管，而她只是刚入职不久的小助理。江慧第一次见到顾川时，就被他强大的气场所吸引。他举手投足间的那种自信与从容，让她忍不住心生仰慕。

起初，江慧只是远远地看着他，心里默默感叹："他真的太厉害了。"后来，因为工作上的接触，两人渐渐熟络起来。江慧开始主动靠近顾川，甚至为了迎合他的喜好，改变了自己的很多习惯。比如，顾川喜欢喝美式咖啡，她明明不喜欢苦味，却也开始每天一杯；顾川喜欢看科幻电影，她明明对这类题材毫无兴趣，却硬是熬夜看完了好几部经典作品。

她以为，只要自己足够努力，就配得上他；只要自己足够迎合，就能赢得他的心。果然，顾川对她产生了好感。两人很快走到了一起，开启了甜蜜的恋情。

然而，随着相处的深入，江慧的幸福感不但没有提升，反而感到越来越累。因为为了维持这段关系，她不得不时刻关注顾川的情绪，揣摩他的心思，甚至放弃了自己的兴趣爱好。她开始怀疑，这样的爱情真的是自己想要的吗？

一次，江慧因为工作失误被领导批评，心情低落，想找顾川倾诉，却发现他正和一群同事谈笑风生。她不想扫顾川的兴，于是默默回到了自己的工位上。那一刻，她突然意识到，自己在这段感情中始终处于仰望的位置，把自己放得太低，连情绪都不敢表达。回到家后，江慧对着镜子发呆："我为什么要这样？我明明可以活得更自在。"

从那天起，江慧开始尝试做回自己。她不再刻意迎合顾川，而是重拾自己的兴趣爱好，报名参加了一个绘画班；周末时，她也不再总是陪顾川看科幻电影，而是约上朋友去探店、拍照。她发现，自己果然变得轻松了许多。

顾川也注意到了江慧的变化。起初，他有些不适应，甚至觉得江慧变得冷淡了。但是，他渐渐被江慧的自信所吸引。当他惊觉江慧不再是只会仰望他的小女生，而是有着自己的想法和追求的独立女性时，不禁对江慧多了几分欣赏，两人的关系也回到了恋爱之初的温馨与甜蜜。

这段经历让江慧明白，真正的爱情不是一味地仰望与迎合，而是彼此欣赏、彼此成就。只有做回自己，才能让爱情步入健康的轨道。而顾川也在这场恋爱修炼中，学会了如何更好地爱一个人。

爱的底层逻辑

如果一个人缺乏内在价值，就容易在面对伴侣时，产生一种“仰视”的态度，把伴侣的兴趣、目标和需求看得比自己的生活还重要。以这种方式建立起来的恋爱关系，虽然一开始可能看似融洽，但时间久了，恋爱的天平就会倾斜。在这样的关系里，一方会慢慢变成只会附和对方的人，另一方则在不知不觉中成为被奉承的焦点。这样一来，关系里原本该有的平等就消失了。一直付出的人会越来越累，而被动接受的人也很难体会到真正的幸福。

更重要的是，缺乏内在价值感的人容易陷入自我怀疑，总是担心自己不够优秀、不够有趣，甚至觉得自己不值得被爱。这种自我否定的想法，会让他们更加依赖伴侣的认可，进一步加剧关系中的不对等，最终导致感情出现问题。

恋爱清醒指南

健康的恋爱关系，不是一个人为了另一个人放弃自我，而是两个独立的个体相伴相知、共同成长。对等的亲密关系，需要双方都带着完整的自我进入，而非一方牺牲独立性去迎合另一方。唯有学会尊重自己的内在价值，才能在恋爱关系中保持平等和独立。

- **停止迎合，重建真实的自我表达**

在恋爱关系中，不断迎合对方的需求和喜好，可能会让人产生被接纳的安心感，但长期下去，这种模式会削弱自己的存在感和表达自我的能力。想打破这种循环，要学会倾听自己的需求和想法，并尝试勇敢地表达出来。比如，当对方提出某些与你意愿相悖的建议时，可以用平静的语气说：“我觉得这样并不适合我，或许我们可以找到更好的平衡点。”

- **回归自身兴趣，提升内在价值感**

构建健康的亲密关系，不是让你为了另一半改变原有的生活轨迹，而是让双方都能在各自的节奏中找到共鸣的点。为此，可以通过重新探索自己的兴趣爱好，找回属于自己的空间和时间，比如参与以前喜欢的活动或尝试新的挑战，逐渐恢复内在的充实感。

- **平等的爱，需要两个独立的个体共同参与**

一段和谐的亲密关系需要双方都能以独立的姿态参与其中，这意味着要学会设立合理的界限，比如在涉及重大决定时，要清晰地表达自己的期待和底线，而不是一味地顺从对方。通过设立界限，可以有效防止恋爱关系中的一方成为“主导者”，另一方成为“配角”。同时，在互动中尊重彼此，才能让感情持续升温。

时刻要记住：我是谁，我值得什么

爱情案例

恋爱初期，潘洁事事向周航求助，从事业瓶颈到生活琐事，总是问他：“你觉得我该怎么办？”周航总是耐心回应，甚至会有一种微妙的成就感。

然而，随着时间的推移，潘洁对周航依赖越来越严重。她习惯在工作遇到问题时第一时间拨通他的电话；跟朋友发生争执时，也期待他给出符合自己预期的“答案”；甚至购买衣服时，都要发照片征求周航的意见。在她看来，这种依赖是爱的体现，殊不知周航的耐心正在一点儿一点儿地被消耗。

一次，周航深夜加班时，接到潘洁打来的电话，她的声音中带着哭腔："领导批评我了，我不知道该怎么办。"疲惫的周航敷衍地安慰了她一番，内心却感到一阵烦躁。

又一次，潘洁向周航倾诉不如意时，周航终于忍不住说道："你为什么总是这样，能不能试着自己解决问题？"潘洁愣住了，觉得委屈又愤怒："依赖你不应该吗？你是我男朋友！"可她心底却涌起一股羞耻感：如果依赖是理所当然的，那么为何被拒绝会如此难堪？

这件事之后，两人之间的争吵变得频繁起来。周航想要个人空间，而潘洁害怕失去他的回应，变得敏感多疑，总是试图验证他的爱："你是不是不爱我了？""你为什么变得这样冷淡？"一开始，周航还会和她沟通，但当他发现沟通无效后，就索性用沉默来回应。他的沉默加剧了潘洁的不安，导致两个人的关系更加紧张。

一次深夜的争吵后，周航疲惫地丢下一句话："我累了。我不是你的救世主，也不是你的全部。"说完摔门而去，房间里只剩下潘洁。她抱着膝盖坐在沙发上，四周一片寂静。这种孤独让她无处可逃，却也让她开始正视内心的恐惧："我的价值，真的只能建立在对周航的依赖之上吗？"

曾经，她相信被爱是自我价值的体现，但现在，她开始怀疑这不过是在掩饰内心的空虚。窗外灯火闪烁，潘洁却仿佛置身于黑暗之中。她终于意识到，那些她渴望的爱与理解从未真正属于她，因为她从未弄清楚一个问题：自己是谁，又值得什么？

爱的底层逻辑

依赖的根源，在于对自我价值的模糊认知。像潘洁这样过度依赖他人的人，往往在内心深处藏着自卑与不安。她无法相信自己的能力，更无法相信自己值得被爱，因此试图通过依赖他人来证明自己值得被爱。然而，爱并不能靠依附换取，相反，这种持续的情感索取只会让另一方感到疲惫。

被依赖的一方，通常会在恋爱初期感受到一种被需要的成就感，但随着时间的推移，他们会逐渐意识到自己无法成为对方的拯救者，对方无底洞般的需求只会让他们感到疲惫。当共生的纽带断裂，恋爱关系便会迅速崩塌，留下一方在迷失中痛苦挣扎。

恋爱清醒指南

在亲密关系中，依赖本身并不可怕，可怕的是把依赖误认为爱。依赖让人把自己置于从属的位置，忽视了独立是健康恋爱关系的前提。只有坦然面对自己的内心，并相信自己值得被爱和被尊重，才能在感情中找到真正的幸福。

- **重新定义自我价值，摆脱对情感的过度依赖**

要摆脱依赖心理，关键在于主动从自身找寻安全感，而不是一味地寻求对方的认可。可以通过设定小目标并逐步实现来增强自信。比如，提升自己的职业技能，或者培养一些兴趣爱好。同时，要善于挖掘自己的长处和独特之处。当发现自己有这些闪光点时，就能更好地认识到自身的价值。在感情里，只有不把对方的关心当成唯一的情感支撑，才能真正实现平等与自由。

- **为恋爱设立健康边界，减少不必要的情感负担**

在情感关系里，健康的边界是维持良好关系的关键。依赖另一半本身并不是什么问题，可如果把所有需求都寄托在对方身上，就必然会导致关系失衡。学会自己主动去解决问题，减少对对方情绪的过度诉求，是建立平衡的情感关系的关键一步。

- **从内心探索，解答“我是谁，我值得什么”**

通过独处和自我对话，思考“我是谁，我值得什么”，找到属于自己的兴趣和目标。当你学会享受独处，明确了自己值得被爱和被尊重的理由时，就不再需要通过他人的反馈来定义自我价值。这样的内在自足，不仅能让你更有力量地独立生活，也能为感情打下健康的基础。

别把爱谁当注定，爱自己才是终身浪漫的开始

爱情案例

柳雪初遇心仪之人冯亮时，爱情的火焰瞬间在心中燃起。冯亮风趣幽默、风度翩翩，轻易地俘获了柳雪的芳心。陷入热恋的柳雪认为这份爱就是自己一生的归宿，所以全身心地投入这段感情，如同飞蛾扑火般义无反顾。比如，冯亮热爱社交，柳雪便陪着他周旋于一场又一场聚会，不惜为此放弃独自阅读或是与朋友相聚的机会。

然而，随着时间的推移，问题接踵而至。冯亮总是按照自己的意愿来规划两人的生活，很少顾及柳雪的想法。柳雪喜欢在静谧的公园漫步，冯亮却热衷于繁华都市的夜生活；柳雪期望在工作上有所建树，冯亮却认为女人就应该安心守在家庭后方。

两人的分歧越来越多，争吵逐渐消磨着曾经炽热的爱意。柳雪陷入了痛苦的深渊，开始怀疑这段感情是否真的是自己命中注定的。一次激烈的争吵后，身心俱疲的柳雪瘫坐在沙发上，开始反思这段恋情，意识到长久以来为了讨好冯亮，她迷失了自我。

于是，柳雪决定做出改变。她不再对冯亮的每一个邀约都说“好”，而是勇敢地拒绝。她还去参加了自己一直向往的绘画班，重拾搁置已久的画笔。在绘画中，她重新发现了自己的创造力，内心渐渐被自信填满。

当柳雪以全新的姿态出现在冯亮面前时，冯亮惊讶之余，对她多了几分

欣赏与尊重。而柳雪也不再焦虑，她明白爱情不应是失去自我的依附，只有先爱自己，才能拥有健康、持久的浪漫。无论未来与冯亮走向何方，她都已踏上属于自己的终身浪漫之旅。

爱的底层逻辑

把爱情视为命中注定的，往往是对情感的一种理想化。这种心态的核心是把爱情当成人生的主线，赋予对方过于重要的意义，以此来满足内心对归属感和认同感的渴望。然而，这种执念并非基于对对方的真实了解，而是将自己的理想投射到了对方身上。

在这种情感模式下，人们容易将对方理想化，并试图通过讨好对方来获得认同。如此一来，个体的喜怒哀乐、人生目标等都会围绕着对方展开，而忽视了自己的需求和理想，结果导致感情失衡，把恋爱变成了单方面的付出和消耗。

更深层次的问题在于，人们常常用“命中注定”的宿命感来合理化这种不平衡的关系。许多人相信“只要努力就一定会有回报”，并用这种信念去掩饰对方的冷漠或逃避行为。直到理想与现实之间出现巨大落差，失落感才会渐渐浮现，最终让自己付出巨大的情感代价。

恋爱清醒指南

有时，我们会误以为遇见某个人是命中注定的缘分，理所当然地投入全部情感。但真正的浪漫并非在他人身上寻找自我价值，而是从自己的内心出发，学会真正爱自己，去塑造一个更好的自己。只有这样，才能为生活带来持久的幸福与满足。

● **保持清醒的自我认知**

在恋爱初期，无论对方多么吸引你，都要时刻提醒自己保持独立思考。定期独处，回顾自己的成长经历、兴趣爱好与梦想，明确自己的独特之处。比如，每周安排一个下午独自阅读、绘画，沉浸在自己的精神世界中，不被对方的节奏带着走。当清楚地了解自己后，面对感情选择时就能依据内心需求，而非盲目追随，从而避免过度投入、迷失自我。

● **设定明确的情感边界**

明确告知对方自己的底线与舒适区。如果你不喜欢频繁社交、聚会，可以这样表达："我很珍惜我们相处的时光，但每周超过三次的聚会让我疲惫，我需要一些安静的时间恢复精力。"坚守边界，既尊重自己的感受，也能让对方调整互动模式，使恋爱关系处于健康、平等状态，为持久的幸福奠基。

● **持续自我成长**

爱自己并不是空洞的口号，而是具体的行动。投入时间和精力提升自己，不仅能增加自信，还能让你拥有更广阔的视野。可以通过读书、学习新技能、保持健康的生活习惯等方式提升自己。无论是职业上的成长，还是个人兴趣的培养，都能让你在充实自己的同时，减少对伴侣的依赖，培养强大和独立的内心。